中国战略性矿产资源
产业升级效果测度及影响因素研究

刘贻玲　郑明贵　林玉华　著

CHINA'S STRATEGIC MINERAL RESOURCES
UPGRADING EFFECT MEASUREMENT
AND INFLUENCING FACTORS

中国财经出版传媒集团
经济科学出版社
Economic Science Press

图书在版编目（CIP）数据

中国战略性矿产资源产业升级效果测度及影响因素研究／刘贻玲，郑明贵，林玉华著. -- 北京：经济科学出版社，2023.4

ISBN 978 - 7 - 5218 - 4714 - 7

Ⅰ. ①中… Ⅱ. ①刘… ②郑… ③林… Ⅲ. ①矿产资源 – 产业发展 – 研究 – 中国 Ⅳ. ①F426.1

中国国家版本馆 CIP 数据核字（2023）第 069758 号

责任编辑：杨 洋 杨金月
责任校对：刘 昕
责任印制：范 艳

中国战略性矿产资源产业升级效果测度及影响因素研究

刘贻玲 郑明贵 林玉华 著

经济科学出版社出版、发行 新华书店经销
社址：北京市海淀区阜成路甲 28 号 邮编：100142
总编部电话：010 - 88191217 发行部电话：010 - 88191522
网址：www. esp. com. cn
电子邮箱：esp@ esp. com. cn
天猫网店：经济科学出版社旗舰店
网址：http：//jjkxcbs. tmall. com
北京季蜂印刷有限公司印装
710 × 1000 16 开 12.25 印张 180000 字
2023 年 5 月第 1 版 2023 年 5 月第 1 次印刷
ISBN 978 - 7 - 5218 - 4714 - 7 定价：50.00 元
（图书出现印装问题，本社负责调换. 电话：010 - 88191545）
（版权所有 侵权必究 打击盗版 举报热线：010 - 88191661
QQ：2242791300 营销中心电话：010 - 88191537
电子邮箱：dbts@ esp. com. cn）

教育部人文社会科学研究青年基金项目"中国战略性矿产资源产业升级效果测度以及影响因素研究"（编号：20YJC790087）主体成果并资助

江西理工大学矿业发展研究中心重大招标课题（KYZX2022－1）资助

赣南科技学院优秀学术著作出版基金资助

前　言

21 世纪的今天，我国经济发展进入"新常态"，供给侧结构性改革应运而生。2015 年 11 月 10 日，中央财经领导小组会议上，习近平总书记指出："在适度扩大总需求的同时，着力加强供给侧结构性改革，着力提高供给体系质量和效率"。① 中国经济已由高速增长转向高质量发展阶段，迫切需要转变发展方式、优化经济结构、转换增长动力，而产业升级是优化经济结构并实现高质量发展的必由路径。

国内战略性矿产资源产业在经历黄金十年快速发展之后，出现了产能过剩和结构性供求失衡等问题，开展基于国民经济基础地位的战略性矿产资源产业升级研究对中国经济健康发展具有十分重要的现实意义。依据战略性矿产资源的战略地位和紧缺程度等，本书选取黑色金属、有色金属两个产业进行分析，特别选取铜、铝、稀有稀土金属等进行重点研究，构建产业升级效果测算模型，测算升级的方向、速率和程度，并对测算结果予以解释说明以深入了解产业升级效果，采用面板数据回归方法对影响产业升级的主要影响因素进行分析，锁定战略性矿产资源产业升级内外部关键因素及影响路径，有助于深入了解供给侧结构性改革前后战略性矿产资源在产业升级上的变化。这为政府持续推进矿产资源产业可持续发展，加速实现矿产资源产业结构升级提供了证据支持，从而有助于决策者制定合理的政策目标和产业规划，并为产业政策的制定提供依据。

20 世纪 60 年代以来，学者们致力于从不同角度探索和研究产业升级

---

① 习近平：《在中央财经领导小组第十一次会议上的讲话》，载于《人民日报》，2015 年 11 月 10 日。

内涵，大致可划分为两个层面：一是产业间结构升级，主要是指从以第一产业为主向以第二、第三产业为主转变，或从以劳动密集型产业为主转向以资本、技术密集型产业为主。二是产业内结构升级，主要是指同一行业内实现工艺（技术）升级、产品升级、功能升级和价值链升级。本书的研究对象为战略性矿产资源产业，属于第二个层面的内容，即同一产业内部结构升级。以往研究主要聚焦以下三个问题：一是多以某一地区或国家整体经济层面三次产业升级研究为主，聚焦矿产资源产业升级的研究相对较少。二是已有矿产资源产业相关研究缺乏对升级方向、速率及程度等特征的探讨。三是现有文献多是针对产业升级某一个影响因素展开深入分析，难以全面把握产业升级的影响因素。近年来对矿产资源产业的研究比较丰富，结合产业升级效果测算理论，在供给侧结构性改革背景下系统地、动态地研究资源经济学问题，是目前的研究趋势。本书在分析现有矿产资源产业结构调整的基础上，动态地研究战略性矿产资源产业升级效果的测算问题，探寻相关影响因素，可以为不同矿产资源产业制定科学合理的产业政策建议提供依据。

本书的创新之处主要体现在三个方面：一是基于供给侧结构性改革背景，针对战略性矿产资源在总体上选取黑色金属产业、有色金属产业，在具体矿种上选取铜、铝、稀有稀土金属等，建立升级测算模型，丰富了产业升级定量研究的理论与方法，这在研究方法上有所创新。二是现有研究对产业升级的测度侧重于产业升级模式层面，对价值链环节未给予考虑，本书将金属矿业分为采选业、冶炼及压延加工业，将产业价值链纳入结构升级研究，这在研究内容上有所创新。三是测算供给侧结构性改革前后金属矿产产业链升级情况，并进行对比分析，阐释了未来金属矿产产业升级的重点方向，为政策制定和企业生产决策提供了经验证据，这在研究思路及结果应用上有所创新。

本书研究内容主要包括：第一，阐明战略性矿产资源产业的研究范畴，分析战略性矿产资源产业供给侧结构性改革的内涵和外延，就供给侧结构性改革的对象和手段、供给侧结构性改革的特征等理论问题进行全面阐述。第二，从理论上构建我国战略性矿产资源产业升级的测算模型。具体包括：在产业升级方向模块，运用产业结构超前系数测算产业升级方向，用来测定某一矿产资源产业结构增长相对于整个行业增长趋势的超前程度。在产业升级速率模块，采用 Moore 值来衡量产业升级速率，揭示产业结构变化的过程。在产业升级程度模块，构造基于劳动生产率的产业升级指标，用来测算产业结构的高度化值，衡量产业升级程度。第三，总体选取黑色金属产业、有色金属产业，具体矿种选取铜、铝、稀有稀土金属产业，利用所建立的产业升级模型进行测算分析。基于 2002～2019 年我国不同省份有色金属产业的数据，分别测算各省份有色金属产业升级方向、速率及程度，对产业前后端升级效果进行分析，并采用面板 OLS 方法进行实证分析，深入探寻影响有色金属产业升级效果的内外部关键因素及其影响路径。第四，根据测算及回归结果，对战略性矿产资源产业升级相关因素的影响方向、速率及程度进行分析和总结，为进一步促进战略性矿产资源产业升级提出相应的对策建议。

　　本书由江西理工大学博士研究生、赣南科技学院刘贻玲副教授，江西理工大学郑明贵教授负责整体设计、组织协调和最终统稿。刘贻玲负责本书各章节研究工作；江西理工大学林玉华老师协助第 3 章研究工作、赣南科技学院张友锋老师协助第 5 章研究工作。江西理工大学研究生钟一霞、钟晓凤和刘永江做了大量文献、数据资料收集与整理工作。本书在评审、出版过程中，得到了江西理工大学研究生院、赣南科技学院科技处、赣南科技学院经济与现代金融学院各位领导和老师的大力支持与热情帮助，在此一并表示感谢！

　　由于笔者水平有限，书中不足之处在所难免，敬请广大读者予以批评指正。

刘贻玲

2022 年 10 月 15 日

目 录
CONTENTS

第1章 绪论

1.1 研究背景 / 001

1.2 研究意义 / 002

1.3 文献综述 / 003

1.4 研究方法 / 010

1.5 主要创新之处 / 011

1.6 本章小结 / 012

第2章 战略性矿产资源相关概述

2.1 定义 / 014

2.2 种类选择 / 016

2.3 战略性矿产资源供给风险评价 / 022

2.4 战略性矿产资源供给侧结构性改革研究 / 026

2.5 本章小结 / 031

第3章 我国战略性矿产资源发展现状分析

3.1 煤炭资源产业发展现状分析 / 032

3.2 石油和天然气资源产业发展现状分析 / 040

3.3 铁矿资源产业发展现状分析 / 051

3.4 铜和铝资源产业发展现状分析 / 057

3.5 本章小结 / 068

第 **4** 章 战略性矿产资源产业升级理论与测算模型

4.1 产业升级相关理论 / 069

4.2 产业升级测算理论基础 / 076

4.3 战略性矿产资源产业升级测算模型 / 078

4.4 本章小结 / 082

第 **5** 章 我国有色金属产业整体升级效果测算

5.1 关于有色金属产业相关研究 / 084

5.2 有色金属产业基本数据统计分析 / 085

5.3 有色金属产业升级测算与分析 / 088

5.4 结论与启示 / 091

5.5 本章小结 / 092

第 **6** 章 我国铜产业升级效果测算

6.1 关于铜产业相关研究 / 093

6.2 铜产业基本数据统计分析 / 094

6.3 铜产业升级测算与分析 / 097

6.4 结论与启示 / 100

6.5 本章小结 / 101

第7章　我国铝产业升级效果测算

7.1　关于铝产业相关研究 / 103

7.2　铝产业基本数据统计分析 / 104

7.3　铝产业升级测算与分析 / 108

7.4　结论与启示 / 111

7.5　本章小结 / 112

第8章　我国稀有稀土金属产业升级效果测算

8.1　关于稀有稀土产业升级相关研究 / 114

8.2　稀有稀土产业基本数据统计分析 / 114

8.3　我国稀有稀土产业测算与分析 / 117

8.4　结论与启示 / 121

8.5　本章小结 / 122

第9章　我国黑色金属产业升级效果测算

9.1　关于黑色金属产业相关研究 / 123

9.2　黑色金属产业数据来源与统计分析 / 124

9.3　测算及对比分析 / 127

9.4　结论与启示 / 131

9.5　本章小结 / 133

第10章　中国战略性矿产资源产业升级效果影响因素研究

10.1　产业升级影响因素研究进展／134

10.2　模型构建与变量度量／136

10.3　实证分析／138

10.4　结论与对策建议／145

10.5　本章小结／147

参考文献／148

附录：各省有色金属产业升级效果趋势图（2002～2019年）／174

第1章

绪　论

研究背景

　　21 世纪的今天，我国经济发展进入"新常态"，供给侧结构性改革应运而生。矿产资源行业是国民经济建设的基础性、战略性产业，对战略性矿产资源产业升级研究是一个非常重要的研究课题。

　　作为重要的战略及基础性原材料产业，战略性矿产资源产业与我国国民经济建设息息相关。然而，当前战略性矿产产业面临着各项发展瓶颈和挑战，尤其是产业结构不协调问题较为突出，如产能过剩、结构性供求失衡等。2015 年 11 月 10 日，在中央财经领导小组会议上，习近平主席指出："在适度扩大总需求的同时，着力加强供给侧结构性改革，着力提高供给体系质量和效率"。① 此次会议特别强调如何侧重供给端的改革、优化，特别是对产品和服务的优化升级。中国经济已由高速增长转向高质量发展阶段，迫切需要转变发展方式、优化经济结构、转换增长动力，而产业升级是优化经济结构并实现高质量发展的必要路径。实现

---

　　① 习近平：《在中央财经领导小组第十一次会议上的讲话》，载于《人民日报》，2015 年
11 月 10 日。

"碳中和"既要严格控制传统高耗能、重化工行业新增产能，又要大力发展新型绿色低碳经济，推进产业结构调整和升级。战略性矿产资源产业升级效果如何，尤其在供给侧结构性改革前后的升级效果如何？其影响因素又有哪些？这些问题值得我们关注。

战略性矿产资源产业升级是一个非常重要但又十分复杂的问题，其升级效果对中国经济发展的影响巨大。国内战略性矿产资源行业经历了黄金十年的快速发展之后，出现了产能过剩和结构性供求失衡等问题，因此深入了解产业升级的效果，对影响矿产资源产业升级的主要影响因素进行分析，锁定战略性矿产资源产业升级的内外部关键因素及其影响路径显得尤为重要。因此本书根据战略性矿产资源产业发展特点，针对战略性矿产资源产业升级方向、速率、程度变化效果进行测算以及影响因素进行研究有着重要意义。

本章在梳理有关产业升级内涵、测算方法及战略性矿产资源产业发展文献资料的基础上，厘清了适合我国战略性矿产资源产业升级测算的模型，进而提出一套较为实用的测算体系，并运用面板数据模型探寻相关影响因素，从而针对不同的矿产资源产业提出科学合理的产业政策建议，并阐明了本书的主要创新之处。

1.2 研究意义

1.2.1 理论意义

战略性矿产资源产业升级是一个非常重要但又十分复杂的问题，涉及产业经济学、政治经济学以及投资学等多个学科领域；战略性矿产资源产业升级变化对福利的影响是发展经济学研究的重点。本书对战略性矿产资源产业升级效果测算所进行的实证分析，进一步丰富了矿产资源经济学理论，为分析矿产资源产业升级效果的决定因素提供了新的经验证据；本书研究在供给侧结构性改革的背景下，根据产业升级变化应如何有效进行产业结构优化，从新的研究视角动态地拓展了产业升级机制，丰富了产业经济学理论。

1.2.2 现实意义

战略性矿产资源产业升级效果对中国经济发展的影响巨大。国内战略性矿产资源行业经历了黄金十年的快速发展之后，同样出现了产能过剩和结构性供求失衡等问题，作为国民经济基础性的战略性矿产资源产业升级研究对中国经济健康发展具有很重要的现实意义。本书通过战略性矿产资源产业升级效果测算，有助于深入了解供给侧结构性改革前后战略性矿产资源在结构升级上有无变化，深入探寻影响产业升级效果的内外部关键因素及其影响路径。这些都为政府加大发展矿业资源行业可持续发展，加速实现矿业结构升级提供了证据支持，从而有助于决策者制定合理的政策目标和产业规划。

1.3 文献综述

根据已有的文献资料来看，产业结构一直以来都是学术界关注的热点问题，社会各界对战略性矿产资源产业升级有了广泛的关注，国内外学者也展开了较为深入的研究，但对战略性矿产资源产业升级测算及影响因素的研究比较少，更多研究成果主要是原则性、指导性的意见。

1.3.1　产业升级内涵

英国古典经济学创始人威廉·配第（Willian Petty），最先研究了产业结构理论；英国经济学家克拉克（Colin Clark）揭示了以第一次产业为主向以第二次产业为主、继而向以第三次产业为主转变，人均收入变化引起劳动力流动，进而导致产业结构演进的规律。威廉·配第和克拉克的发现被后世统称为配第—克拉克定理。概括地说，就是随着经济发展和人均国民收入水平的提高，劳动力首先由第一产业向第二产业转移，当人均国民收入水平进一步提高时，劳动力便向第三产业转移。

1941 年，美国经济学家西蒙·库兹涅茨（Simon Kuznets）出版了《国民收入及其构成》，该书提出利用产业比例变化度量产业升级的库兹涅茨法则，对产业结构的演进规律做了进一步探讨，阐明了劳动力和国民收入在产业间分布变化的一般规律。20 世纪五六十年代形成了许多经典的产业结构理论，如刘易斯"二元结构转变"理论、霍夫曼定理等，这些理论都反映了产业升级的思想（张俊等，2019）。1960 年，美国经济学家罗斯托最早提到产业升级，他在其书《经济增长的阶段》中，提到让具有优势的部门带动其他与其具有联系的稍微弱势产业部门发展，将具有扩散效应的部门（主导产业部门）的优势效应传递到其他关联产业中去，推动其他产业快速发展，从而实现产业升级。20 世纪 90 年代，学术界开始基于企业战略理论和产业价值链学说开展产业升级系统研究。茜恩（Shin，1997）、格里芬（Gereffi，1994）基于企业微观视角，认为原材料供给、市场和科技需求、政策等内外部因素驱动了产业升级，改变了产业市场分布和定位，同时优化了产业结构比例。随后，格里芬（Gereffi，1999）、蒂斯（Teece，1997）、汉弗莱（Humphrey，2000，2002）、芦田（Ashida，2010）等基于全球价值链视角研究产业升级。

我国最早研究产业升级的学者是吴崇伯（1988），其探讨了东盟各国产业升级背景、存在的问题以及前景，在研究东盟国家产业结构调整问题时提到，东盟国家调整的重点是促使产业升级换代。20世纪90年代之后，人们开始更多地关注产业升级问题。国内大多从区域和行业角度对产业升级进行研究。基于区域的产业升级，主要聚焦于某一地区三次产业比例和格局由低级向高级演进的问题（谭晶荣，2012）；基于行业的产业升级，既有产业间也有价值链间的升级，即产业整体从低技术向高技术水平、低附加值向高附加值状态演进，如周振华（1995）、陈羽和邝国良（2009）认为产业升级的内涵就是结构从相对较低形态向相对较高形态演进，要素由以劳动密集型为主产业向以资本密集和技术密集为主产业发展；生产由利润较低向利润较高、由附加值较低向附加值较高转变等。刘志彪（2000）认为，产业升级分为四个角度，即调节劳动力结构、产品结构和产业部门升级、提升行业生产要素配置率。姜泽华和白艳（2006）对产业升级的内涵进行了剖析。田新民（2012）、陈文翔和周明生（2017）等从产业结构高度化和合理化角度分析产业升级。张辉（2004）、林毅夫（2007）、刘志彪（2009）、符瑛（2016）、付珊娜和刘昂（2017）、郭晓蓓（2019）认为，制造业产业升级倾向资本和技术集中化并伴随着价值链提升，聚焦于全球价值链视角开展产业升级研究。李洲和马野青（2020）、赵蓉等（2021）从产品角度出发研究全球价值链产业升级。

综上所述，研究者从不同的角度对产业升级内涵进行分析，可归纳出两个层面的内容：一是产业间结构升级，主要是指从以第一产业为主向以第二、第三产业为主转变，或者是从以劳动密集型为主的产业转向以资本、技术密集型为主的产业。二是产业内结构升级，主要指同一行业内实现工艺（技术）升级、产品升级、功能升级和价值链升级。本书所要研究的对象是矿业产业，属于第二个层面的内容，也就是同一产业内部结构升级。

1.3.2 产业升级测算方法研究进展

如何衡量产业升级水平一直是国内学界关注的焦点之一，并已逐步形成以下几个代表性的测算方法。第一种是"非农产业比重"测量法。克拉克定律直接用"非农产业比重"进行产业结构度量（马健康和刘兰勇，2014）。第二种是"产业升级度"测算法。徐德云（2008）通过三次产业加权法建立了"产业升级度"指标，但这种方法相对简单。第三种是"产业结构高级化指数"测算法。付凌晖（2010）设立的"产业结构高级化指数"测算法，也称空间向量夹角法，该方法基于空间解析几何三维向量夹角的思路研究产业结构提升程度，避免了简单粗糙的主观赋值，逐渐成为国内学界度量产业升级的主要方法。

关于产业升级定量测算的研究，相关文献并不多。钱纳里等倡导的标准产业结构是通过对各国同一发展阶段上产业结构的统计数据进行回归分析而得出的，然后以此为依据判断产业结构的升级程度。衡量一个产业结构系统升级的演进程度，可以采取标准结构法和相对比较判别法来对两个产业结构系统进行比较。关于产业升级测算方法的研究国外侧重升级速率，主要方法包括劳动力产业转移快慢法和 Moore 结构变化值法。如库兹涅茨（Kuznets，1973）和卡尔多（Kaldor，1961）提出用劳动力在各个产业间的转移来测定产业结构转型升级速率，摩尔（Moore，2010）首次构建了 Moore 结构模型，此后这种方法被引进产业问题的研究之中。国内侧重研究产业升级方向和速率两个方面，主要方法包括产业结构超前系数法和 Moore 结构变化值法。如靖学青（2008）、林晶和吴赐联（2014）、王茂祥等（2017）运用产业结构超前系数测算升级方向；刘志彪和安同良（2002）运用 Moore 结构变化值法测算了中国1978～1990 年、1990～1999 年产业结构水平，认为 Moore 结构变化值法能更细致、灵敏地揭示产业结构变化的过程。使用该方法进行产业升级问题研究的还有吴文洁等（2018）、李宇佳和刘笑冰（2019）。

也有部分研究者采用产业结构超前系数法、Lilien 指数法和 Moore 结构变化值法进行综合研究。如谭晶荣等（2012）、马洪福和郝寿义（2017）运用产业结构超前系数、Lilien 指数和 Moore 值测定模型分别测度了长三角地区 16 个城市、长江中游城市群的三次产业转型升级方向、速度。同样使用上述方法进行产业升级相关研究的还有高燕（2006）、付凌晖（2010）等。利用产业结构高度化值来衡量产业升级程度的测算方法有静态直观比较法（杨公朴，2001）、相似系数法（李军和孙彦彬，2009；王磊和徐涛，2008）、指标法（刘伟，2008；田新民和韩端，2012；唐辉亮，2015；余东华等，2017）、综合评价法（张玉春和余炳，2011；刘涛，2017）。也有不少学者对产业升级程度的指标体系进行了研究，提出了相应的指标群进行测度评价（郭克莎，1999；程如轩和卢二坡，2001；王岳平，2004；伦蕊，2005；程艳霞和彭王城，2010；姚志毅和张亚斌，2011；李子伦，2014；安忠瑾和宫巨宏，2016；李慧，2017）。

从以上文献来看，产业升级定量测算包括方向、速率和程度三个方面，并有相应的测算方法。目前主要运用三大产业比值来分析产业升级方向，侧重制造业的价值链升级；通过一定测算方法对产业结构高度化和合理化进行产业升级定量测算。这为本书针对有色金属产业升级测算提供了思路和方法。由此，本书选用产业结构超前系数测算升级方向，Moore 结构变化值和产业结构年均变动值测算升级速率，产业升级高度值测算升级程度。

1.3.3　矿产资源产业发展研究进展

20 世纪 70 年代，罗伯特·索罗（R. M. Solow，1974）、约瑟夫·斯

蒂格利茨（Joseph Stiglitz，1974）等将研究方向转向资源型产业可持续发展研究。在此研究基础上，奥蒂（Auty R. M.，1990）等将资源丰裕程度和地区经济发展联系起来，发现二者呈现负相关关系，并提出著名的"资源诅咒"假说。

国外对矿业产业的研究主要侧重于矿产资源产业可持续发展（Santos T. M. & Zaratan M. L.，1997；Ruitenbeek H. J.，1999；Barrera-Roldan A. & SaldiVar-Valdes A.，2002；Hilson G. M.，2006）、产业政策（Krajnc & Glavic，2005；Behrens A. et al.，2007）方面的研究。关于产业政策方面的研究：现代产业政策理论的奠基人，美国第一任财政部长汉密尔顿创立"产业保护体系"，提出相关产业政策，并应用于铁、铜、煤炭等制造业上；日本先后十次修改了本国的煤炭政策。

国内关于矿产资源产业转型发展的研究主要侧重于资源产业发展特征、资源诅咒假说检验、资源转型发展影响因素等方面的研究。关于资源产业发展特征研究，侧重多利益主体协同发展（惠宁和惠炜等，2013；成金华和朱永光，2018；许明和杨丹辉，2019）。关于资源诅咒假说检验研究，主要从省级和市级层面采用面板数据进行验证"资源诅咒"假说在我国是否成立（徐康宁和王剑，2006；方颖等，2011；邵帅等，2013；许志明和朱金鹤，2022）。关于影响矿产资源产业因素的研究，部分学者认为产业人口规模、技术进步、产业内部结构对资源型产业低碳转型有显著影响（高新才和何苑，2007；张伟，2012；田原等，2018；徐斌和彭秋松，2021）。

目前国内有些学者也开始对矿业产业升级进行了相关研究，如刘兆顺（2006）采用Shift-share方法对吉林省矿业发展现状进行了分析和评价，提出该省矿业产业结构调整原则和具体措施。如王朗和沙景华（2013）基于动态偏离份额模型，利用就业人数分析矿业产业结构。李海婷（2020）从矿业产业内产值结构、劳动力结构、技术结构及资产结构四方面分析我国矿业产业结构优化问题。李海婷（2020）从环境规制角度，综述了其对矿业产业结构优化的影响，并提出以下思路：设计体现矿业行业特性的指标来测量产业结构优化程度；测算不同类型的环境规制强度；基于省级面板数据建立回归模型实证分析区域异质性。刘贻玲和郑明贵（2021）运用产业结构超前系数、Moore 结构变化值、产业升级高度值构建了反映产业升级方向、速率和程度的测算模型。关于矿业产业升级的相关研究侧重定性研究，定量研究较少，本书试图从定量角度测算战略性矿产资源产业升级。

1.3.4 文献述评

综合以上文献发现：一是既有的研究多以某一地区或国家整体经济层面的三次产业升级研究为主，聚焦矿产资源产业升级的研究相对较少；二是已有矿产资源产业相关研究缺乏对升级方向、速度及程度等升级特征进行分析；三是以往研究无法体现内部结构的优化程度，且研究方向多集中于运用第二、第三产业产值占比作为升级的衡量指标；四是现有文献多是针对产业升级的某一个影响因素展开深入分析，难以全面把握产业升级的影响因素。

近年来对矿产资源产业的研究比较丰富，但是，结合产业升级效果测算理论，在供给侧结构性改革背景下系统地、动态地研究资源经济学问题，是目前的研究趋势。由此，本书在分析现有矿产资源产业结构调整的基础上，动态地研究战略性矿产资源产业升级效果测算问题，探寻相关影响因素，从而针对不同的矿产资源产业制定科学合理的产业政策建议。

本书研究的独创性在于：一是基于供给侧结构性改革背景，针对金属矿业产业升级进行测算，建立测算模型，丰富了产业升级定量研究的理论与方法；二是文献中对产业升级的测度侧重产业升级模式层面，价值链环节未有考虑，本书将金属矿业分为采选业、冶炼及压延加工业，将产业价值链纳入结构升级研究。三是选用具体矿种进行测算，可以为不同的矿种资源产业制定科学合理的产业政策建议。

 1.4 研究方法

本书将以多种理论为基础，综合运用定性和定量分析相结合的方法进行研究。

（1）定性分析方面。

运用文献分析法搜寻、阅读、分析有关产业升级和矿产资源产业问题相关文献的基础上，发现现有文献研究的不足，寻找研究的起点；应用理论分析法实现供给侧结构性改革下战略性矿产资源行业产业升级效果体系的架构，明确产业升级不同角度测算的重点；运用规范分析方法，提出适合我国战略性矿产资源产业升级的政策建议。

（2）定量分析方面。

运用统计和计算实验分析方法，使用从《中国统计年鉴》《中国工业统计年鉴》及中商产业研究院数据库收集的数据，对战略性矿产资源产业升级效果进行测算分析，计算实验分析供给侧结构性改革下战略性矿产资源行业产业升级的效果。运用比较分析法，将供给侧结构性改革前后3年的产业升级情况进行比较分析，将不同资源产业供给结构升级情况进行对比分析。运用面板数据回归方法，基于2002～2019年我国26个省份有色金属产业数据，分别测算各省份有色金属产业升级方向、速率及程度，对产业前后端升级效果进行分析，并采用面板OLS方法进行实证回归分析，深入探寻影响有色金属产业升级效果的内外部关键因素及其影响路径。

1.5 主要创新之处

（1）研究方向创新。

现有研究对产业升级的测度侧重于产业升级模式层面，对价值链环节未有考虑，本书基于产业链视角，将战略性矿产资源产业分为采选业、冶炼及压延加工业，将产业价值链纳入结构升级研究，这在研究方向上有所创新。

（2）研究方法创新。

从总体上选取黑色金属产业、有色金属产业，具体矿种上选取铜、铝、稀有稀土金属产业，运用产业结构超前系数、Moore 结构变化值、产业结构年均变动值以及产业升级高度值构建了反映其产业升级方向、速率和程度的测算模型，丰富了产业升级定量测算的理论与方法，这在该行业研究方法上有所创新。

（3）实证分析创新。

利用 2015 年前后数据测算供给侧结构性改革前后金属矿产产业链升级情况，梳理金属矿产资源产业升级演进历程，分析各阶段产业升级效果尤其是对比供给侧结构性改革前后的升级效果，最后选取 2002～2019 年我国 26 个省份有色金属产业数据，分别测算各省份有色金属产业升级方向、速率及程度，对产业前后端升级效果进行分析，并采用面板 OLS 方法进行影响因素分样本回归实证分析，深入探寻影响有色金属产业升级效果的内外部关键因素及其影响路径，这为金属矿产产业政策制定和企业生产决策提供了经验证据，这在研究内容及结果分析上有所创新。

1.6 本章小结

本章从我国战略性矿产资源产业升级的意义出发，梳理了国内外有关产业升级内涵、测算方法、影响因素及战略性矿产资源产业发展文献资料的基础上，找到了研究的主要问题，构建了适合我国的资源型矿产资源产业升级测算模型，即运用产业结构超前系数、Moore 结构变化值、产业结构年均变动值以及产业升级高度值构建反映产业升级方向、速率和程度的测算模型，进而提出一套较为实用的测算体系，并运用面板数据模型探寻相关影响因素，从而针对不同的矿产资源产业制定科学合理的产业政策建议，阐明了本书的主要创新之处。

第2章

战略性矿产资源相关概述

矿产资源是人类社会赖以生存和发展的重要物质基础，矿产资源供给了人类95%以上的能源，80%以上的工业原料，70%以上的农业生产原料，矿业支撑了我国70%以上国民经济的运转①。在经济发展新常态背景下，我国正面临着发展转型、增速换挡、产业结构调整等众多挑战。当前，受新冠疫情影响，全球矿产资源供应受到较大影响，由于资源供应节点众多，风险因素复杂多变，亟须从产运供应链角度开展矿产资源供应基地、供应节点、供应链的综合研究。当今世界正经历百年未有之大变局，世界主要国家在新一轮矿产资源战略实施中，都将战略重点指向事关国家经济安全、产业安全、国防安全和科技安全的战略性矿产资源。后工业化时代，战略性矿产成为大国资源竞争的焦点。随着对战略性矿产的需求不断增长，各国会更加关注其供应的稳定性、安全性和可持续性。中国处于工业化中期阶段，产业结构不合理，技术和设备较为落后，促进资源节约集约利用成为未来中国资源发展战略和政策制定的关键所在。在资源开发与利用方面应以"综合资源安全""资源效率倍增""增长与资源脱钩"为主要指导，弱化甚至取代靠自然资源和要素投入驱动的传统经济发展模式，依靠资源配置效率的提高和各类创新活动

---

① 马伟东. 金属矿产资源安全与发展战略研究 [D]. 长沙：中南大学，2008.

的引导推动经济发展，从资源保护、流通、消费、回收、利用、创新、管理等全系列经济活动视角提出矿业发展战略选择。开展战略性矿产综合研究对国家制定矿产资源战略、规划和政策措施具有重要意义。

2.1 定义

西方国家对关键矿产的关注起步很早，这源于在第一次、第二次世界大战中关键矿产所发挥的"关键性"作用。"二战"期间，美国以石油为筹码，切断了同盟国对德国的钨、铬供应，以及对日本的钼、钨和钒供应，为赢得战争发挥了关键作用。1939 年，美国制定了《战略性和危机性原材料储备法》，将矿产资源的"关键性"（critical）概念引入联邦法典（王登红，2019）。"危机矿产""关键矿产"或"关键金属"（critical minerals）与"战略性矿产"（strategic minerals）源于美国 20 世纪 30 年代末矿物原材料供给储备，其中"战略性矿产"最早作为一个军事概念被提出，"关键矿产"则概括为受限于国内资源禀赋或生产开采条件，在战争等造成的国家紧急状态下，对国防、工业和居民基本生活需求造成重要影响的矿产资源，因此"关键矿产"包含"战略性矿产"。"战略性新兴产业矿产"与"战略性高技术矿产"则强调与新技术和新材料产业发展有关的重要原材料，"三稀矿产"便是重要的矿种。具体各国对关键矿产的定义如表 2 – 1 所示。

表 2 – 1   关键矿产的定义

国别	定义
美国危机矿产	危机矿产只是美国为了提高"制造业供应链安全"这个特定目标所划定的一类存在供应危机的矿产，因而不包括对国计民生具有重要意义的能源矿产和部分供应安全的大宗矿产

续表

国别	定义
欧盟危机原材料	由于地缘政治因素、供应国环境约束因素等造成供应中断后，难以替代或难以循环利用的，对国民经济产生重大影响的物资。欧盟出台的危机原材料其定位与美国相似
日本战略性矿产（战略的矿物资源）	国家所必需的、需要由政府提供政策保障的、存在供应风险的重要矿产资源。日本战略性矿产的定位是对国家经济具有战略意义的非能源矿产
澳大利亚危机矿产	澳大利亚储量丰富，美国、欧盟等列入危机矿产清单的矿产资源（Australian Government Department of Industry and Innovation and Science Australian Trade and Investment Commission, 2019）
中国（战略性矿产）	具有国家重大战略意义的矿产，如煤炭、天然气等矿产。消费量大于500万吨、对外依存度大于50%的矿产，对国民经济发展意义重大、供应缺口大、需大量依赖进口的矿产，如石油、铁、铝、铜、锰、铬、金、钾盐等矿产。对战略性新兴产业具有关键作用、对外依存度大于50%的矿种如锂、钴、锆（铪）、镍等矿产。具有较强国际市场优势的矿产，如稀土、钨、锑、石墨等矿产。其他需要强化管理的矿产，如铅、锌、磷、萤石矿产列入战略性矿产

资料来源：陈其慎，张艳飞，邢佳韵，等. 国内外战略性矿产厘定理论与方法 [J]. 地球学报，2021，42（2）：137－144.

基于上述分析，可以发现目前战略性关键矿产概念较为模糊，无严格统一的界定，不同国家、地区或国际组织基于国家或地区安全、经济发展、产业升级等视角，分别提出了"关键矿产""战略性新兴矿产""战略性矿产"等概念，它们既相互联系又各有侧重，但核心都为满足国防军事需求与实现战略性关键产业良性发展的原材料，其供给具有重要性与脆弱性双重属性。总体来看，战略性关键矿产资源可以定义为事关人类社会持续发展、在关键领域发挥战略性作用的矿产资源，是一个国家或地区主权属性的集中体现，其内涵大致涵盖以下几个方面：第一，与国家或地区高科技产业与新兴产业发展息息相关的关键原材料。第二，战略性矿产资源的战略性体现在其对国家军事国防、市场经济和社会进步的必要性和不可替代性。第三，本国或地区资源条件优渥，但由于核心开发技术落后，使其处于全球产品价值链下游环节，或由于开发产生的环境负效应过大而采取从国外进口策略，造成对外依存度过高的矿种。

第四，该资源在本国内具有一定的储量抑或产量优势，但在国际市场中的话语权地位较低。抑或者该资源在本国内储量匮乏，但是在国内市场需求量大，且该资源在国际市场中供需情况波动大，导致对外依存度过高或进口集中度过高的矿种，存在一定程度的供给风险。第五，需依据国家或地区发展战略目标、具体市场条件进行动态遴选。即战略性矿产资源的种类并非一成不变，而是根据各个国家内部经济建设和国防需求以及开采利用情况调整，同时也受到国际市场情况影响。

2.2 种类选择

在现有文献中，常见的被纳入战略性矿种的资源有 57 种，其中，稀土（REE）、铂族金属与铟普遍被评为战略性或关键矿种（Sarah M. H.，Erin A. M.，2008）。美国、日本、澳大利亚和欧盟等国家或地区已经从产业发展需求出发，完成了战略性矿种选择（Kruyt et al.，2009），这对中国战略性关键矿产资源的遴选具有借鉴意义。具体各国对战略性矿产种类的选择如表 2 - 2 所示。

表 2 - 2　　　　　　　　战略性矿产资源种类选择

国别	年份	部门或相关法律法规名称	各国对关键矿产种类的选择
美国	20 世纪 30 年代（1939 年）	美国政府《战略性和危机性原材料储备法》	矿产资源的危机性与战略性这两个名词引入官方正式文件，战略性和危机性原材料，一般指在战争或者国家紧急情况时需要的原材料
	20 世纪 80 年代	美国成立国家危机原材料委员会（NCMC）	影响国家经济健康和安全的矿产资源被认为是危机矿产，比战略矿产的范围更宽泛。危机原材料包括民用的、工业的、军事的原材料，其供应对国家经济健康和安全产生影响
	2005 年	美国修订了《战略性和危机性原材料储备法》	战略性和危机性原材料是指在美国国家紧急情况下军事工业和民用所必需的原材料，这些原材料在美国国内没有足够的产量来满足自身的需求

续表

国别	年份	部门或相关法律法规名称	各国对关键矿产种类的选择
美国	2006 年	美国地质调查局及相关机构	确定了 11 种关键的战略高技术矿产，稀土金属、锂、铂族金属（特别是铂、钯、钌）、铌、钽、钒、钛、镓、铟、锰、铜
	2010 年	美国国家科学技术理事会（NSTC）成立了危机矿产和战略矿产供应链委员会（CSMSC）	认为危机矿产是一些为制造业提供最基本服务的矿种产业链，这个产业链一旦脆弱乃至中断，将会给国民经济或国家安全带来严重后果，战略矿产是一系列危机矿产，是国防安全的重要支柱
	2013 年	美国国防部	战略矿产和危机矿产是指在国家紧急状态期间，需要供军事、工业和平民所需，而国内并不能提供足够数量来满足需求的矿产
			发布了《关键和战略性矿产威胁美国制造业的报告》，包括铪、氦、铍、镁、锗、锂、钨、锡、锆、铝、铂族元素、铬、碲、铼、锑、钛、钾、铋、钒、铯、镓、铟、锰、铌、稀土、铷、锶、钽、砷、铀、钪、萤石、重晶石和石墨等 35 种
	2015 年	美国国会研究部（CRS）	发布《中国资源产业政策背景下美国获取战略性和危机性矿产资源的路径》
	2018 年	美国内政部《危机矿产清单草案》	《危机矿产清单草案》的详细版本以《确保关键矿物安全可靠供应的联邦战略》总统行政命令发布，将美国危机矿产的矿种界定为 35 个。金属矿产：锂、铍、铷、铯、铌、钽、锆、铪、钨、锡、稀土、钪、镓、锗、铟、碲、铼、铂族金属、铬、钴、锰、钒、钛、锑、铋、锶、镁和铝（矾土）；非金属矿产：钾盐、天然石墨、萤石、重晶石和砷；能源矿产：铀；气体矿产：氦
	2019 年	美国商务部《确保关键矿物安全可靠供应的联邦战略》	将 35 种矿种确定为关键矿产，其中 14 种 100% 需要进口的矿种中，从中国进口的有 8 种
中国	2007 年	国务院	中国将稀土的生产计划由指导性调整为指令性
	2010 年		《关于加快培育和发展战略性新兴产业的决定》

续表

国别	年份	部门或相关法律法规名称	各国对关键矿产种类的选择
中国	2011 年	财政部和国土资源部	《矿产资源节约与综合利用专项资金申报指南的通知》，"三稀"矿产资源获得国家专项资金的支持。这是国家第一次将"三稀"资源作为一个整体概念提出来而不再作为其他矿种的"附属品"
	2011 年	国务院	《"十二五"国家战略性新兴产业发展规划》
	2012 年	财政部和国家发展改革委	出台《战略性新兴产业发展专项资金管理暂行办法》，鼓励"三稀"矿产资源的地质找矿、开发利用与节能
	2015 年	《中国制造 2025》	洁净能源领域（Gd、In、Y、Nd、U 和 Sn 等）、光伏电池领域（Gd、Te、In、Ge、Li 和 Co）、信息产业领域（REE、Sb、Nb、W 和 Sn）、航天航空领域（Re 和 Be 等）和国防安全领域（REE、W、Be、Nb 和 Ta 等）
	2016 年	《全国矿产资源规划（2016～2020)》	石油、天然气、页岩气、煤炭、煤层气、铀、铁、铬、铜、铝、金、镍、钨、锡、钼、锑、钴、锂、稀土、锆、磷、钾盐、晶质石墨和萤石24 个矿种（组）列为战略性矿产，但没有给出"战略性关键矿产"的具体名单，一般认为这 24 个矿种（组）中的铀、铬、镍、钨、锡、锑、钴、锂、稀土、锆和萤石符合"用量不大但关键"的内涵，可以界定为"战略性关键矿产"，同时还可以根据社会经济的发展以及战略性新兴产业发展的趋势补充一些矿种，如铍、铌、钽、铪、铯、锗、铟、铋、碲、铼、铂族金属、氦、膨润土、金刚石等
	2016 年	《国土资源"十三五"规划纲要》	《国土资源"十三五"规划纲要》中出现了"新兴材料矿产""新型材料矿产""紧缺战略性矿产"和"战略性新兴产业矿产"4 个名称，以"战略性新兴产业矿产"使用最多，其他均只出现 1 次
欧盟	2008 年	欧盟委员会	发起"关键材料倡议"，将具有经济重要性而且有高度供应中断风险的原材料视为关键材料
	2011 年		14 种关键矿产，包括稀土金属、铂族金属、钨、锑、镓、锗、铍、钴、镁、铌、钽、铟、萤石、石墨

续表

国别	年份	部门或相关法律法规名称	各国对关键矿产种类的选择
欧盟	2017 年	欧盟委员会《欧盟关键原材料清单》	27 种关键矿产，包括锑、重晶石、铍、铋、硼、焦煤、萤石、镓、锗、铪、氦、铟、镁、天然石墨、天然橡胶、铌、钾盐、磷、钪、结晶硅、钽、钨、铂族元素、重稀土和轻稀土等
俄罗斯	2018 年	—	第一类（优势矿产）：天然气、铜、镍、锡、钨、钼、钽、铌、钴、钪、锗、铂族、磷灰石矿、铁矿石、钾盐、煤炭、水泥原料等；第二类（稀缺矿产）：石油、铅、锑金、银、金刚石、锌和高纯石英等；第三类（紧缺矿产）：铀、锰、铬、钛、铝土矿、锆、铍、锂、铼、钇族稀土、萤石、铸造用膨润土、长石原料、高岭石、大片白云母、碘、溴和光学原料等
澳大利亚	2019 年	《澳大利亚关键矿产战略 2019》	将关键矿产分为三类，即第一类 7 种（铂族元素、锆、铬、钴、镍、稀土元素、铜）、第二类 15 种（铋、氦、锂、锰、钼、铍、铌、石墨、钛、钽、锑、钍、钨、锡、铟）、第三类 12 种（钡、碲、钒、氟、镉、汞、镓、铼、砷、锶、硒、锗）
日本	2009 年	《稀有金属确保战略》	金属矿产：锂、铍、铷、铯、铌、钽、锆、铪、钨、稀土、镓、锗、硒、铟、碲、铼、铊、铂、钯、铬、钴、镍、钼、锰、钒、锑、钛、铋、锶和钡；非金属元素：硼；其中先考虑 10 种矿产：钛、铬、锰、钴、镍、钼、硼、锶、钡和钯
	2018 年	《关键矿产报告》	锰、铬、钒、钛、铜、铅、锌、镁、镍、钴、钨、锡、钼、锑、铂族金属、金、银、铌、钽、铍、锂、锶、锆、稀土、锗、镓、铟、铼、萤石、磷和金刚石
印度	2016 年	《印度制造业非燃料关键性矿产——2030 年展望》	铬、钒、钴、钼、铌、钽、铍、锂、锶、锆、重稀土、轻稀土、锗、铼、磷矿、钾盐、钡、石灰石、硼、石墨、硅
英国	2015 年	《英国原材料风险清单》	铀、钍、铁、锰、铬、钒、钛、铜、铅、锌、铝、镁、镍、钴、钨、锡、钼、锑、汞、铋、铂族元素、金、银、铌、钽、铍、锂、锶、锆、稀土元素、锗、镓、铟、铼、镉、硒、氟、钡、砷、金刚石、石墨

续表

国别	年份	部门或相关法律法规名称	各国对关键矿产种类的选择
经济合作与发展组织（OECD）	2015 年	《关键矿产研究报告》	铬、钒、镁、钴、钨、锑、铂族金属、铌、铍、重稀土、轻稀土、锗、镓、铟、菱镁矿、磷矿、重晶石、硼、长石、石墨和硅
联合国	2011 年	《未来持续技术用关键金属及其循环回收潜力》	钴、铂族金属、钽、锂、稀土金属、锗、镓、铟、碲

资料来源：王登红. 关键矿产的研究意义、矿种厘定、资源属性、找矿进展、存在问题及主攻方向 [J]. 地质学报，2019，93（6）：1189 – 1209.

　　总体来看，战略性矿产资源的遴选目前没有统一指标与标准，由于每个国家或地区的资源禀赋、资源需求及产业发展诉求不同，矿产资源的重要性与脆弱性存在明显差异，需要结合国家或地区的发展实际从动态角度对战略性矿产资源进行科学遴选。目前，除中国外，美国、日本、澳大利亚和欧盟等国家或地区已经从产业发展需求出发，完成了战略性矿种选择。

　　我国正处于工业化发展阶段，矿产资源需求量大、种类多、对外依存度高、国际话语权弱。因此，我国战略性矿产则是既包括对国计民生具有重大战略意义的矿产，也要充分考虑对国际市场具有一定影响力的矿产；既要考虑能源矿产，也要考虑金属和非金属矿产；既要考虑传统大宗矿产资源，也要考虑战略性新兴产业矿产。因此，从定位上来讲，我国战略性矿产的内涵最大。美国危机矿产、欧盟危机原材料、日本战略性矿产与我国战略性矿产不能一概而论，只能说这些国家所列出的矿产清单只是其战略性矿产中的某一大类。具体各国对战略性矿产资源的对比情况如表 2 – 3 所示。

表 2 – 3   各国战略性矿产资源的对比分析

不同点	定义
目标不同	美国是为了重振美国矿业，保障资源供应安全；欧盟是为了通过提高危机矿产的循环利用水平、替代率和供应来源的多元化来保障安全；日本是为了通过强化政府对战略性矿产的支持，保障资源供应安全；澳大利亚是为了促进本国矿业发展，提振经济
内涵不同	中国战略性矿产既包括煤炭、石油、天然气等能源矿产，也包括铁、铜、锂、钴等短缺矿产和稀土、钨等优势矿产；美国、欧盟和日本的战略性矿产只是为了特定目标出台的重要矿产中的一类，不含能源矿产和优势矿产
侧重点不同	美国和欧盟强调的是供应的危机性（critical）；中国和日本强调的是战略性（strategic）
名称不同	美国为"危机矿产"；欧盟为"危机原材料"；中国和日本为"战略性矿产"。必须要清醒认识到，不同国家面临的宏观形势不同，其矿产资源战略也必然不同，不管是危机矿产还是战略性矿产，都是国家矿产资源战略的组成部分之一，并不能完全代表一个国家的矿产资源战略，所以不能简单地通过对比不同国家的危机矿产或战略性矿产名录、政策，来机械地制定本国的名录、政策，而不去认真思考名录背后深层次的问题
界定不同	美国能源部于 2011 年出台了《关键材料战略》，提出了 14 种关键矿产：镧、铈、镨、钕、钐、铕、铽、镝、锂、钴、镓、铟、碲和钇。欧盟于 2010 年发布了《欧盟关键矿产原材料》报告，提出了 14 种关键原材料：稀土金属、铂族金属、钨、锑、镓、锗、铍、钴、镁、铌、钽、铟、萤石、石墨。在我国，战略性矿产或战略性矿种，往往是指具有国家战略意义、需要从国家层面高度重视的矿产资源，是矿产资源战略的核心，是矿产资源管理的抓手，科学厘定战略性矿产是非常重要的。国务院批复的《全国矿产资源规划（2016—2020 年）》，将 24 种矿产纳入战略性矿产（包括能源矿产：石油、天然气、页岩气、煤炭、煤层气、铀；金属矿产：铁、铬、铜、铝、金、镍、钨、锡、钼、锑、钴、锂、稀土、锆；非金属矿产：磷、钾盐、晶质石墨、萤石），作为矿产资源宏观调控和监督管理的重点对象，并明确提出在资源配置、财政投入、重大项目、矿业用地等方面加强引导和差别化管理，提高资源安全供应能力和开发利用水平。这是我国从国家高度首次提出战略性矿产目录，标志着我国矿产资源管理的一次重大飞跃，体现了国家对战略性矿产资源的高度重视
重要性不同	美国和欧盟对外依存度高且是中国优势矿产的关键矿产有 18 种：钒、镁、钨、锡、锑、铋、稀土、铊、锗、镓、铟、碲、磷、重晶石、砷、萤石、石墨、硅。美国、欧盟和中国均比较短缺，可能形成竞争关系的关键矿产有 15 种：铀、锰、铬、钛、铝土矿、钴、铂族金属、钽、铌、锂、铷、铯、锆、铼、钾盐。欧盟和中国比较短缺，美国是优势矿产的关键矿产有 2 种：铍、氦。美国和中国比较短缺，欧盟是优势矿产的关键矿产有 1 种：锶

资料来源：陈其慎，张艳飞，邢佳韵，等. 国内外战略性矿产厘定理论与方法 ［J］. 地球学报，2021，42（2）：137 – 144.

2.3 战略性矿产资源供给风险评价

美国、欧盟、英国、日本、澳大利亚、印度、联合国、OECD 等国家或组织机构纷纷针对战略性矿产的重要性和安全性开展相关研究，相继发布了战略性矿产战略或清单，并随着时间的推移进行调整和更新。我国矿产资源战略研究者先后也开展了大量研究，如陈其慎等（2021）深入探讨了国外战略性矿产的定位、定义、厘定过程、政策，分析了国内外战略性矿产厘定的共性及差异性，为矿产资源领域研究者、管理者提供参考。董延涛等（2021）从矿产资源储量、开发利用布局结构、矿产资源管理改革、矿业国际合作等方面分析了我国战略性矿产资源开发利用现状，并提出了促进战略性矿产资源高质量开发利用的思路建议。郭娟等（2021）通过对比分析世界主要国家或组织的关键矿产目录，对战略性矿产的概念和内涵进行了探讨，阐述了我国战略性矿产的评价标准和评价指标，通过对矿产的重要性、供应风险和稀缺性进行分析，依次分析评价出 35 种关键矿产，并提出了战略性矿产研究和管理的建议。葛建平和刘佳琦（2020）基于澳大利亚、日本、欧盟、美国 4 个国家或地区 2006～2019 年战略性矿产的政策文本，从战略性矿产战略的国际背景、制定依据、历史演进与政策工具选择角度开展比较研究，提出主要国家关键矿产战略的演进规律、驱动因素，以及工具选择依据。

进入 21 世纪以来，矿产资源对人类社会的重要性在增强，矿产资源领域的博弈成为大国竞争的重要阵地，战略性矿产安全是国家社会经济发展和国防建设的重要保障，战略性矿产战略是实现资源安全的必要路径。各国感觉到矿产资源供应面临危机，世界主要国家均制定了战略性矿产战略举措，中国相关矿产需求量大、供需结构性矛盾突出，制定战略性矿产战略尤为迫切。美国出台了危机矿产（critical minerals）政策，欧盟出台了关键原材料（critical raw materials）政策。多数相关研究往往过度重视清单厘定方法和清单中包含哪些矿种，忽视出台相关政策的背景、动因和采取的措施。战略性矿产是国家实施矿产资源战略的核心抓手，确定战略性矿产的厘定原则、名录、政策，必须基于对国家资源供需形势的深入了解，我国是世界上最大的矿产资源消费国、生产国和进口国，矿产资源稳定供应是国家经济发展的前提，这是我国矿产资源国情，是制定一切矿产资源战略和政策的基础（陈其慎，2021）。

矿产资源供给安全从传统关注资源利用的可获得性、可接受性、可利用性和可承受性，延伸至生态环境协调与经济社会可持续性（Kyria-kopouios G. L. & Arabatzis G.，2016；Silva R. C. D.，Neto I. D. M.，Seifert S. S.，2016）。经济全球化的不断深化，新技术革命和产业变革的持续推进，推动了全球矿产资源需求结构的转型，使抢占全球经济制高点和创新能力制高点成为国家核心竞争目标。战略性矿产资源作为战略性新兴产业发展的基础，其供给安全受到广泛关注。在中国政治、经济、文化、社会正处在历史变革的新时代背景下，以实现伟大梦想为目标，国家战略性矿产资源供给安全必须落实共同、综合、合作、可持续的新安全观，为构建人类命运共同体发挥积极作用。战略性矿产资源供给安全被赋予了新的内涵，面临更为复杂的风险与不确定性，其影响因素、形成机理与实现路径等问题有待深入探讨，需重点关注战略性关键矿产资源的内涵及遴选、供给风险评价与预警、供给安全体系优化与政策等问题（吴巧生等，2020）。关于战略性矿产资源的定义及遴选已在本章第一部分阐述，在此不赘述。关于供给风险评价与预警的研究，目前有关战略性矿产资源供给风险的评价方法侧重不同维度，具体如表 2 – 4 所示。

表 2-4　　　　　　　　　战略性矿产资源供给风险评价维度

维度	具体内容	代表文献
供给风险	供给风险维度不仅强调资源禀赋条件，也关注地质技术条件、可供性、资源再生利用和地缘政治等因素对供给有效性的影响	格雷德尔（Graedel，2012）、纳萨尔（Nassar，2012）、鸠山和田原（Hatayama & Tahara，2015）、美国地质勘探局（USGS，2019）、罗森诺（Rosenau，2009）、张所续（2010）
脆弱性	脆弱性维度测度在当前技术水平与利用情形下，供给中断发生的可能性及影响	格雷德尔（Graedel，2015）、哈比布（Habib，2016）
生态风险	生态风险包含环境效益评估、环境政策实施效果评价	核管制委员会（NRC，2008）、埃克（EC，2010）
资源基地风险	从资源禀赋、未来供需缺口、产业需求、替代性资源及其替代成本等维度评价关键矿产	厄德曼（Erdmann，2011）
经济风险	市场可替代性、需求增长、历史价格波动、市场均衡、矿产资源生产成本、矿业投资、库存水平	乔治（Georges，2017）、美国地质勘探局（USGS，2019）
地缘政治风险	全球供给集中度、政府稳定度、进口贸易依存度、气候变化脆弱性	马苏迪（Masoudi，2017）、格罗瑟（Glöser，2015）
供给来源视角	从供给来源的多样性视角比较关键矿种选择的测度方法	德肋撒（Teresa，2018）
技术风险	联产水平 可再利用性	纳萨尔（Nassar，2015）、苟利（Gulley，2018）、查普曼（Chapman，2017）
规制风险	环境标准 政策潜力指数 贸易壁垒	张等（Zhang et al.，2018）、杰克逊和格林（Jackson & Green，2020）
社会风险	经济子系统稳定度 新闻曝光数量	联合国开发计划署（UNDP，2015）

　　战略性矿产资源供给风险具有更强的模糊性与不确定性，战略性矿

产资源供给风险评价模型的建立面临诸多挑战。通过建立风险评价模型可以对风险来源、关键因素、备选策略等进行科学分析。当前矿产资源供给风险评价指标的选择关注风险来源和供给中断的可能性。欧洲、美国、日本等国家或地区对矿产资源供给风险评价关注较早,经过多年的发展,形成了各具特色的矿产资源供给风险评价预警模型与方法。一些专家借鉴大宗矿产资源风险评价和预警方法,建立了战略性关键矿产资源供给风险评估和预警机制(李鹏飞等,2014),现有文献多集中在供给多元化战略方面,强调增加资源供应的灵活性,供给多元化战略包括进口来源的多元化、运输方式的多元化和资源结构的多元化等三个方面。为了应对不同的矿产资源供给风险及其潜在发生概率,现有研究也提出了各类预防策略与应对策略,预防策略包括冗余策略、缓冲策略、套期保值策略、增加容量等,旨在限制供应中断造成的风险(Chang W. & Ellinger A. E.,2015),应对策略包括灵活性策略、计划后行动、控制策略、提高响应能力等(Bode C. et al.,2011)。借鉴休伯特和米尔顿(Hilpert & Mildn,2013)列出的战略性关键矿产资源全球治理工具的分类,对应的供给安全政策主要集中在资源保护、环境保护、产业发展和国际贸易等多个方面(杨丹辉,2015)。

与传统大宗矿产资源相比,战略性矿产资源的成矿地质条件更加特殊,在资源基础、勘查开发利用技术、价格波动等方面具有更强的模糊性、复杂性与不确定性,传统的矿产资源供给安全管理模式显然不适用这类矿产资源的需要。尤其是在新时代背景下,战略性矿产资源是高质量发展、绿色发展的基础,如何在化解资源供给外源风险、维护发展权益的同时,满足现代化经济体系建设和资源环境监管体制改革的内源性需求,是新时代中国战略性矿产资源供给安全政策响应面临的重要挑战,也是今后战略性矿产资源供给安全体系理论探索的重要方面。

2.4 战略性矿产资源供给侧结构性改革研究

2.4.1 供给侧及供给侧结构性改革研究

供给侧是指资源或者产品的供给一端,供给侧结构性改革则是从供给的一端发力进行革新。供给侧理论者认为是"供给创造需求"。20世纪70年代供给侧理论首先提出,20世纪80年代德国鲁尔区的供给侧结构性改革为我国目前矿产资源行业的困境指引了道路。国外对供给侧的研究经历了一个长期的过程。法国的经济学家萨伊于19世纪初在《政治经济学概论》中提出"供给创造自身的需求"的"萨伊定律",此定律是供给学的开端。著名的萨伊定律认为供给创造自身的需求,当一个产品一经产出之际,即在它自己的全部价值限度以内为另一个产品提供了市场(孙鹏,1998),萨伊定律在相当长一段时间里占据着主流经济学的舞台。国外学者是依据当时的经济背景来研究的,对供给侧结构性改革的研究都是宏观的,侧重点在政府层面和经济政策的制定上。而在我国,供给侧结构性改革的研究是近几年学术界讨论的热点。我国侧重从各个行业进行供给侧结构性改革研究,如学者们分别从工业(黄群慧,2016)、农业(黄季焜,2018)、渔业(王建友,2019)等各个行业进行研究剖析。

具体领域方面研究,如能源方面供给侧结构性改革研究,如学者张所续(2016)、朱万春(2017)对我国各个能源领域的供给侧结构性改革进行评判,煤炭方面供给侧结构性改革研究,如吴达(2016)、叶旭东(2016)等对我国煤炭产业供给侧结构性改革与发展路径进行研究,煤炭供给侧结构性改革的主要任务是去产能,而且需要在去产能的同时建立合理的产能退出机制和退出企业的职工安置补偿制度。矿产资源开发是国民经济发展的供给侧，同时，矿产资源开发也有其自身的供给侧。也有一些针对矿产资源开发供给侧结构性改革的研究，如朱清和罗小利（2016）着重讨论了矿产资源开发自身供给侧四要素：劳动力、矿业权、固定资产投资和技术创新在结构方面的问题。沈镭（2017）厘清了经济增长、城镇化与矿产资源消费之间的长期关系，这些关系有什么作用特征，这些作用的变化趋势如何，不同矿产资源是否存在显著的区别，针对这些区别如何提出应对策略。李松妍（2019）从供给侧的角度对湖南省矿产资源配置情况进行了研究分析。

从近年来经济进入新常态开始供给侧的关注和研究渐渐多起来。2015年以前，多位学者呼吁我国要改变供需结构，2015年11月，习近平主席提出的"供给侧结构性改革"将供给侧结构性改革正式推入改革的洪流中，供给侧结构性改革将对中国经济产生深远的影响。习近平在中央财经领导小组会议上，指出着力加强供给侧结构性改革。所谓供给侧结构性改革，是指通过优化资源配置、淘汰落后产能、严控新增产能、发展先进产能、深化国企改革、创新企业发展等方式，调整经济结构，使生产要素得到合理有效配置，形成高效率、高质量的供给体系，促进中国经济在新常态下持续健康发展。供给侧结构性改革的实质是从供给端改革、优化，重点在于结构调整，尽量减少低端和无效供给，对产品和服务优化升级（贾康和苏东春，2015）。供给侧结构性改革已经成为中国宏观经济管理的核心内容与主攻方向。

目前我国对供给侧结构性改革的研究还局限在摸索阶段，很多方法措施的提出还局限于理论，对于如何对企业的结构调整产生影响还有待观察。对国际局势的变化多端，我国应该汲取国外供给侧结构性改革的经验，结合国情走出一条有中国社会主义特色的供给侧结构性改革之路。"供给侧结构性改革"的相关政策推出时间及其主要内容（杨丹辉等，2011），具体如表2-5所示。

表 2 – 5   供给侧结构性改革的相关政策及主要内容

时间	政府会议	政策内容
2015 年 11 月 10 日	中央财经领导小组第十一次会议	首次提出"供给侧结构性改革"
2015 年 11 月 11 日	国务院常务会议	强调"培育形成新供给新动力扩大内需"
2015 年 11 月 17 日	"十三五"规划纲要编制工作会议	强调"在供给侧和需求侧两端发力促进产业迈向中高端"
2015 年 11 月 18 日	亚太经济合作组织（APEC）会议	再次提出"供给侧结构性改革"
2015 年 12 月 18 日至 21 日	中央经济工作会议	进一步明确了"去产能、去库存、去杠杆、降成本、补短板"等当前供给侧结构性改革的五大重点任务
2017 年	党的十九大	将供给侧结构性改革作为推动实体产业改革升级的主要方法，供给侧结构性改革成为指导我国宏观经济理论与实践的重要手段，也是目前引导经济发展的大政方针

2.4.2 战略性矿产资源供给侧结构性改革发展战略选择

在经济新常态下，为了进一步深化"供给侧结构性改革"，中国把改革的重心放在了对矿产资源的改革上。1978～2015 年，中国矿业经历了六次大的变革，2015 年 11 月，习近平主席对于"供给侧结构性改革"的提出，明确了"去产能、去库存、去杠杆、降成本、补短板"五项改革任务，拉开了第七次改革序幕，由此可见中国对矿业改革的重视，具体如表 2 – 6 所示。

表 2 – 6   1978～2021 年中国矿业的七次大变革

时间	重要事件	变革内容
第一次变革（1978～1985 年）	1978 年改革开放	与国家对外开放政策相关，矿产需求大增
第二次变革（1986～1988 年）	1986 年乡镇企业改革	"有水快流"乡镇企业凸起，《中华人民共和国矿产资源法》颁布

续表

时间	重要事件	变革内容
第三次变革（1989～1996 年）	1989 年结构调整	国有企业改革，经济结构调整
第四次变革（1997～2002 年）	1997 年金融危机	金融危机影响亚洲各国和世界市场，煤炭关井压产
第五次变革（2003～2012 年）	2003 年资源整合	资源整合和关闭各种小矿
第六次变革（2012～2015 年）	2012 年金融危机	房贷引发金融危机
第七次变革（2016 年至今）	2015 年供给侧结构性改革	"去产能、去库存、去杠杆、降成本、补短板"

矿业是经济社会发展的基础产业。在当前中国经济进入新常态和矿业长期低迷的形势下，要合理推进矿业供给侧结构性改革。自 2015 年以来我国一直强调要深化供给侧结构性改革，坚持创新、协调、绿色、开放、共享的新发展理念。供给侧的结构性改革在于不断调整我国的产业布局，解决传统产业产能过剩的问题，以供给侧结构性改革推动产业结构的转型升级。战略性矿产资源供给侧结构性改革发展的战略选择主要包括以下五个方面。

（1）以去产能为抓手推动大宗矿产资源供给侧结构性改革。

通过化解过剩产能助力推进矿业供给侧结构性改革，必须通过退出、转型转产、兼并重组等方式，减少无效供给和低端供给。化解过剩产能要分情况、分类别进行。第一类是煤炭资源，要优先化解资源劣、成本高的中小型煤矿产能。第二类是具有传统优势的矿产资源，要对全产业链各环节做减法、去产能。第三类是短缺金属矿产资源，要化解冶炼环节的产能。第四类是可以被替代且对环境损害较大的矿产资源，先重点化解发达地区及生态脆弱区矿山的产能，并促进绿色矿山建设；同时，冶炼环节也是化解过剩产能的重点。相关部门要着力引导产业转型升级与提质增效、降低转产成本、减少企业退出损失。

（2）着力提高资源效率，实现资源消费与经济增长相对脱钩。

提高资源利用效率需要做大经济规模，缩小资源消费总量。主要途径包括：转变资源的利用方式，促进资源利用观念的转化，从低成本利用资源向全成本利用资源转换；从低端产品向高端产品转换；从重视资源本身向重视经济效益转换；调整产业结构，从资源驱动型向创新驱动型转换；依靠技术突破，开发先进开采技术，发展清洁生产技术，废弃物资源化技术等；依靠管理挖潜力，利用现代管理技术，扩大管理幅度，延伸管理深度。

（3）坚持底线思维，着力防范资源对外依赖可能导致的极端风险。

实施矿产资源安全战略是面对当前矿产资源国际国内形势和保障经济社会可持续发展的客观要求。2014 年 4 月，习近平总书记在中央国家安全委员会第一次会议上首次提出总体国家安全观，并首次系统提出"11 种安全"。要构建集政治安全、国土安全、军事安全、经济安全、文化安全、社会安全、科技安全、信息安全、生态安全、资源安全、核安全于一体的国家安全体系。总体国家安全观把资源安全独立出来，提升到与经济安全并列的高度。资源安全"底线"即定量地界定资源安全的合理界限和资源供给的区域安全结构：在和平时期的"底线"是指保证经济平稳运行、群众日常生活的基本需要的最低资源供应量；在战争条件下，则意味着要保证军事、军工最低需求。保障国家资源安全，需要针对不同资源、不同时期、不同情况，分别制定针对性底线指标。

（4）建立政府适当干预下的市场化资源价格形成机制。

在宏观层面，要分步推进资源定价形成机制的改革：优先推进资源税费制度改革；逐步分类推进资源性产品价格形成机制改革；规范资源产权市场，明晰产权，实现资源有偿开采；建立健全资源储备制度和价格调节基金制度；在微观企业层面，要建立公平、公正、充分竞争的约束激励机制，着力提高资源性企业的自主定价能力，维持资源价格的稳定性。将资源价格形成机制创新与资源税改革和国有企业改革结合起来，最大限度地释放出经济发展潜力。

（5）打造矿业经济创新升级版。

矿业的基础地位和作用不会改变，需要打造矿业经济升级版，向传统的矿业强国学习，强化资源科技创新，加快矿业体制改革，建立国家能源资源发展中心，以积极应对矿业下行的新常态。对资源生产国尤其是重要矿产资源国可以适度增加进口，促进矿产供应的全球来源多元化，从而保障重要矿产资源的供应安全。

2.5 本章小结

本章阐明了各国对战略性矿产资源的定义和种类的选择，并对各国情况进行了详细对比分析，阐述了战略性矿产资源的供给安全及风险评价，梳理了与供给侧及供给侧结构性改革相关的文献综述，对供给侧、供给侧结构性改革理论及战略性矿产资源产业供给侧结构性改革战略的选择问题进行了全面阐析。

第**3**章

我国战略性矿产资源发展现状分析

　　战略性矿产资源产业是为国民经济发展提供原材料的重要基础产业，战略性矿产资源产业现状分析及优化能够促进矿业的可持续发展。鉴于本书界定的战略性矿产资源产业范畴内的 24 个细分矿种（包括能源矿产：石油、天然气、页岩气、煤炭、煤层气、铀；金属矿产：铁、铬、铜、铝、金、镍、钨、锡、钼、锑、钴、锂、稀土、锆；非金属矿产：磷、钾盐、晶质石墨、萤石）多属于资本密集型矿种，矿种间的特征变化不明显，并且有些矿种的影响较小、数据不全。因此，本书主要选取能源矿产资源（煤炭、石油、天然气）、金属矿产资源（铁、铜、铝）6 个矿种进行产业发展现状分析，主要从矿种内产量、进出口量、消费量及各类经济指标等方面进行分析，侧重研究这些矿种在供给侧结构性改革前后的变化，以期分析其改革成效。

3.1 煤炭资源产业发展现状分析

　　煤炭产业是我国重要的基础产业，煤炭产业的可持续发展关系着国民经济健康发展和国家能源安全。为全面贯彻落实科学发展观，合理、有序开发煤炭资源，提高资源利用率和生产力水平，促进煤炭工业健康发展，我国相关部门发布了一系列政策支持引导煤炭行业发展，尤其2021年关于煤炭行业的主要政策就有6项：《加强金属非金属底下矿山外包工程安全管理若干规定（征求意见稿）》《2021年能源工作指导意见》《关于做好2021年煤炭中长期合同监管工作的通知》《对煤炭产能核增实行产能置换承诺》《关于进一步深化燃煤发电上网电价市场化改革的通知》和《2022年煤炭中长期合同签订履约工作方案（征求意见稿)》。

3.1.1 煤炭资源产业可供量分析

（1）煤炭资源产业产量分析。

根据英国石油公司（BP）发布的《2020年世界能源报告》数据显示，2020年全球已探明的煤炭储备量中，美国排名第一，达到了2489.7亿吨，相较于第二名的俄罗斯高出867.7亿吨；澳大利亚排名第三，达到了1502.3亿吨；我国已探明的煤炭储量排名第四，达到了1432亿吨。2020年，全球煤炭销量占比较高的国家包括中国、印度、美国、日本和南非等。其中，我国的煤炭消费量占全球份额的54.33%，中国煤炭消耗量占全球总量过半，超过第二名印度42.75%，超过第三名美国48.25%。中国在全球煤炭消费领域已经是不可或缺的重要驱动因素。2010~2021年，我国的煤炭产量经历了一轮从低谷到顶峰再到低谷最后攀升的强趋势周期，总体呈现波动变化态势。2010年，我国的煤炭产量为34.3亿吨，随后国内煤炭产量逐年走高，在2013年达到顶峰为39.7亿吨。之后几年伴随着国内供给侧结构性改革的趋势渐起，受淘汰落后产能的影响，国内的煤矿逐渐开始兼并重组，小型落后的煤矿被关停，对国内的煤炭产量造成了一定的影响。我国的煤炭产量低谷出现在供给侧结构性改革后的第一年即2016年，当前煤炭总产量仅为34.1亿吨，随后煤炭开始逐年增产。2016~2021年呈现逐年增长态势，但由于受2020年新冠疫情的影响，行业内企业为抗击疫情，主要产煤省区的复工复产时间集中在3月份，对行业内整体产量供给的影响较小。2020年我国全年共生产煤炭

39 亿吨，中国原煤产量为 40.7 亿吨，同比增长 1.3%。而 2021 年下半年，国内电力短缺造成煤炭价格走高，呼吁放开煤炭产量的声音渐起，国家也适度放开了管制，2021 年煤炭产量继续走高，达到 40.7 亿吨，同比增长 4.36%。2010~2021 年煤炭产量及增速变化情况具体如图 3-1 所示。

图 3-1 2010~2021 年中国煤炭产量和增长情况

资料来源：《中国能源统计年鉴》《中国工业统计年鉴》，海关总署，USGS 前瞻产业研究院。

（2）煤炭资源产业进出口量情况趋势分析。

由于煤炭生产、炼化及下游应用等许多领域都是污染的重灾区，在国家逐渐将环保事业作为我国的主旋律，"双碳"目标提出后，煤炭已不可再复现之前的大规模生产，但是当前在我国不能对能源研究取得突破性进展时，煤炭仍是我国生产生活所不可或缺的资源。因此进口煤炭作为调节国内煤炭消费的重要手段，仍然有一定的发展空间。2011~2021 年，我国的煤炭进口量呈现出波动变化，2015 年是近十年的最低点，当年进口量仅为 2.04 亿吨。2020 年我国煤炭进口量达到 3.04 亿吨，2021 年我国煤炭进口量达到 3.23 亿吨。2021 年，由于国外疫情反复，国内工业承接了全球的订单，同时国际大宗商品价格不断走高，煤炭的需求和价格出现了大幅上升，全国火电企业面对成本缺口，对部分地区开始限电。国家为了解决发电问题，在尽量控制国内煤炭产能的情况下，煤炭进口数量出现上升。

近年来，我国煤及褐煤出口量走势较为波动，但总体呈下降趋势。2016～2018 年均出现下降，2019 年有短暂上涨的趋势，但仍低于 2016 年、2017 年的出口量。最新数据显示，2021 年 1 月至 12 月中国煤及褐煤出口量达 260 万吨，同比下降 18.4%。

我国煤炭的进出口情况大致可以分为两大阶段，第一阶段是在 2008 年以前，我国是煤炭的净出口国，特别是在 2004 年之前，我国的煤炭净出口量稳定在 6000 万～8000 万吨，2004～2008 年我国的煤炭净出口额逐渐缩小，直到 2008 年进出口几乎持平。第二阶段就是从 2008 年至今，我国煤炭进口量从 2008 年起就极速攀升，直到 2013 年，也就是世界煤炭供给和需求的小峰值年，我国的煤炭进口量最高达到 3.27 亿吨，净进口额为 2.52 亿吨。2013 年之后，由于我国国内在煤炭供给端产能过剩日趋严重，导致库存储量居高不下；在需求端，由于技术的进步、清洁能源的开发利用、环境承载力的考量等多方面原因，在国家政策的号召和现实需求的双向影响下，煤炭的需求逐步减弱，在供需端的同时变化下，我国煤炭的净进口量迅速下滑至 2016 年的 1.67 亿吨。目前来看，净进口额为上升趋势，具体如图 3 - 2 所示。

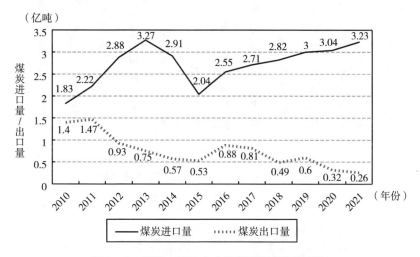

图 3 - 2 2010～2021 年中国煤炭进出口量情况

资料来源：《中国能源统计年鉴》《中国工业统计年鉴》，海关总署，USGS 前瞻产业研究院。

3.1.2 煤炭资源产业消费量分析

我国的煤炭消费在经过国家供给侧结构性改革，淘汰落后产能的情况下，经历了一段时间的下降。煤炭在一些高耗能、高污染的行业应用较多，例如，钢铁、发电等领域，国家针对这些行业在产能和产量方面进行了一系列的政策调整，直接导致我国的煤炭消费量在 2016 年下降至38.88 亿吨。随着现代煤化工等领域的发展，我国对煤炭的需求不断上升，我国的煤炭消费量也开始复苏，2020 年我国的煤炭消费量上升至40.41 万吨，2021 年上升至 42.27 万吨。由于技术的不断进步，对于煤炭消费产生的废气废水都有相应的发展，未来随着对煤炭的高效、清洁、绿色应用的不断进行，煤炭消费适度发展仍然有较大的空间。2010 ~2021 年煤炭消费量的具体情况如图 3 – 3 所示。

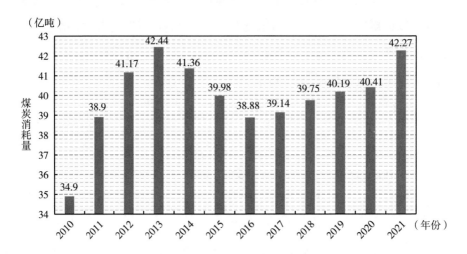

图 3 – 3 2010 ~ 2021 年中国煤炭消费量情况

资料来源：《中国能源统计年鉴》《中国工业统计年鉴》，海关总署，USGS 前瞻产业研究院。

从行业角度来看，几乎 90% 的煤炭需求都体现在工业上，其次是生活消费。除了工业领域，其他行业的煤炭消费量都相对比较平稳，单从数据上看，虽然随着社会和技术的进步，我国居民的生活水平和生活质量都有所提高，城市化进程也在加快，但是生活消费的煤炭消费量并没有产生大幅变动，也没有出现下滑趋势。2010～2020 年我国煤炭各行业具体消费数据如表 3 - 1 所示。

表 3 - 1　　　　　　2010～2020 年各行业煤炭需求数据　　　　单位：万吨

年份	农牧业	工业	建筑业	交通业	零售餐饮业	其他行业	生活消费
2010	2147	329728	731	639	3192	3412	9159
2011	2207	368916	797	646	3572	3612	9212
2012	2266	391191	767	614	3752	3883	9253
2013	2451	403157	811	615	3966	4136	9290
2014	2479	392567	914	558	3767	4046	9303
2015	2625	378190	878	492	3864	4159	9627
2016	2778	367435	805	404	3826	4081	9492
2017	2834	371160	733	353	3461	3580	9283
2018	2363	380696	650	321	2686	3021	7714
2019	2202	387268	640	283	2378	2598	6547
2020	2254	390891	639	241	1981	2571	6283

资料来源：《中国能源统计年鉴》。

3.1.3　煤炭资源产业规模以上企业情况分析

2015 年后，由于国家不断推进煤炭供给侧结构性改革，淘汰落后产能，煤炭开采和洗选业规模以上企业单位数骤然下降，2019 年后虽有增加，但基本维持在 4300 个左右，增幅不大，具体情况如图 3 - 4 所示。主要原因是供给侧结构性改革后，我国煤炭行业产业结构进一步优化，逐渐向高品质、高效率方向发展，煤炭行业呈现向头部企业集中发展趋势。

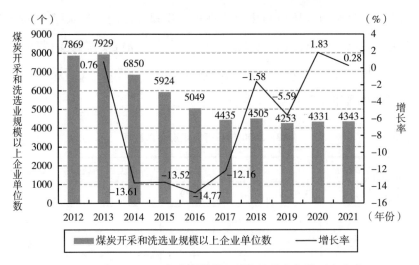

图 3 - 4　2012～2021 年中国煤炭开采和洗选业规模以上企业
单位数和增长情况

资料来源：《中国能源统计年鉴》《中国工业统计年鉴》，海关总署，USGS 前瞻产业研究院。

　　从行业内规模以上煤炭企业主营业务收入、利润总额的走势来看，
2012～2021 年整体呈现波动变化态势。其中，2021 年中国规模以上煤炭
企业主营业务收入为 32896.6 亿元，同比增长 57.99%；利润总额为
7023.1 亿元，同比增长 216.13%，具体情况如图 3 - 5 和图 3 - 6 所示。

图 3 - 5　2012～2021 年中国煤炭开采和洗选业规模以上企业
主营业务收入和增长情况

资料来源：《中国能源统计年鉴》《中国工业统计年鉴》，海关总署，USGS 前瞻产业研究院。

**图 3 – 6   2012～2021 年中国煤炭开采和洗选业规模以上企业
利润总额和增长情况**

资料来源:《中国能源统计年鉴》《中国工业统计年鉴》, 海关总署, USGS 前瞻产业研究院。

3.1.4   小结

综合前文对煤炭行业供需情况的分析, 随着我国煤炭行业供给侧结构性改革的不断深入, 我国煤炭行业市场供需实现基本平衡, 进一步向高质量方向发展。规模以上企业总体数量减少, 逐渐向高品质、高效率方向发展, 煤炭行业呈现向头部企业集中发展趋势。主营业务收入和利润总额在供给侧结构性改革后几年虽然增长不多, 甚至为负增长, 但在2021 年均有大幅度上升。但行业的改革发展依然存在新的矛盾和问题, 例如, 全国煤炭结构性产能过剩问题、煤炭时段性供应不足、市场供需平衡不稳定以及行业发展不平衡等问题。鉴于行业发展现状和存在的问题, 未来行业发展要沿着现代化煤炭经济体系, 不断深入供给侧结构性改革, 保证煤炭行业发展质量;"双碳"约束下构建煤炭全生命周期低碳无害化发展新格局; 提升行业科技实力和创新能力; 全面推进煤矿智能化建设; 加快产业转型升级以及市场体系建设。

3.2 石油和天然气资源产业发展现状分析

3.2.1 石油资源产业发展现状分析

（1）石油资源产业可供量分析。

未经加工处理的石油称被为原油。是一种黑褐色并带有绿色荧光，具有特殊气味的黏稠性油状液体。是烷烃、环烷烃、芳香烃和烯烃等多种液态烃的混合物。主要成分是碳和氢两种元素，分别占 83%~87% 和 11%~14%；还有少量的硫、氧、氮和微量的磷、砷、钾、钠、钙、镁、镍、铁、钒等元素。比重为 0.78~0.97，分子量为 280~300，凝固点为 −50~24℃。原油经炼制加工可以获得各种燃料油、溶剂油、润滑油、润滑脂、石蜡、沥青以及液化气、芳烃等产品，为国民经济各部门提供燃料、原料和化工产品。

据中商情报网讯得知，2021 年全球石油产量约 44.23 亿吨，同比增长 1.3%。2021 年 4 月以来，随着油价快速回升，各国开始逐步提升产量，其中美国油气生产活动并未恢复至疫情前水平，美国合计石油总产量约为 5.64 亿吨，与上年持平，仍是全球第一大产油国；俄罗斯产量增长 2%，至 5.34 亿吨，跃居全球第二；沙特减产 1.1%，产量降至 4.7 亿吨；中国维持了较高的勘探开发力度，产量增长 4.62%[①]。2010~2021 年，我国的石油产量经历了一轮从低谷到顶峰再到低谷最后攀升的强趋势周期，总体呈现波动变化态势。2010 年，我国的石油产量为 2.03 亿吨，随后国内石油产量逐年时高时低，尤其在 2016 年骤然下降为 2 亿吨，一直持续到 2018 年，随后又开始上升。2021 年石油产量继续走高，达到

---

① 资料来源：中商情报网讯。

2.04 亿吨。2010～2021 年石油产量及增速变化情况具体如图 3－7 所示。

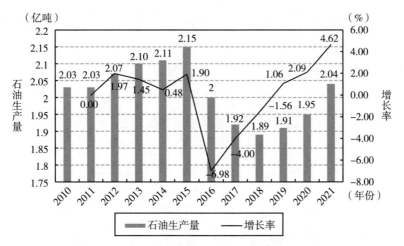

图 3－7 2010～2021 年中国石油产量及增速情况

资料来源:《中国能源统计年鉴》《中国工业统计年鉴》,海关总署,USGS 前瞻产业研究院。

中国是全国原油主要的进口国之一,受制于我国的能源消费结构,在石油的国际贸易中,我国常年扮演石油净进口国的角色,能源对外依赖十分严重,而随着我国已探明石油储量的不断扩大,在"双碳"背景下促进转型升级、减少碳排放以及原油价格上涨等因素导致我国原油和成品油进口量的下降,对外依赖严重的局面有望得到扭转。2012～2021年石油进出口情况具体如图 3－8 所示。

图 3－8 2010～2021 年中国石油进出口量情况

资料来源:《中国能源统计年鉴》《中国工业统计年鉴》,海关总署,USGS 前瞻产业研究院。

（2）石油资源产业消费量分析。

中国是石油消费大国，石油消费量逐年递增，增速波动。根据中国石油和化学工业联合会公布的最新数据显示，2021 年二季度以来，受 2020 年高基数影响原油进口量同比大幅回落，导致中国表观消费量持续负增长。2021 年中国石油表观消费量约 7.07 亿吨，同比下降 3.94%。2010～2021 年中国石油表观消费量情况具体如图 3-9 所示。

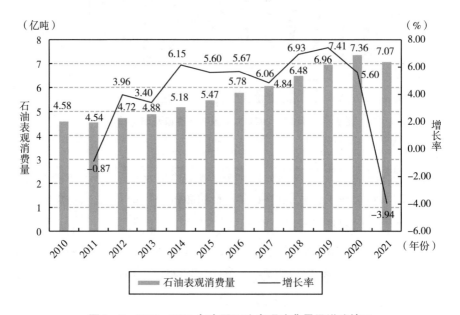

图 3-9 2010～2021 年中国石油表观消费量及增速情况

资料来源：《中国能源统计年鉴》《中国工业统计年鉴》，海关总署，USGS 前瞻产业研究院。

原油产品在社会经济发展中具有非常广泛的作用与功能，原油产品是能源的主要供应者，工业、现代交通业的发展与燃料供应息息相关，没有燃料就没有工业、现代交通业。从具体各行业应用角度来看，石油在工业、交通业方面的应用比较广泛，近几年应用在建筑业、生活消费方面的增速比较快，2010～2020 年我国石油各行业具体消费数据如表 3-2 所示。

表 3 - 2　　　　　　　**2010～2020 年中国各产业石油需求数据**　　　　　单位：万吨

年份	农牧业	工业	建筑业	交通业	零售餐饮业	其他行业	生活消费
2010	1382.5	18555.0	2483.1	15079.3	481.0	2578.2	3541.9
2011	1466.3	17986.0	2581.8	16221.1	500.0	2880.5	3983.9
2012	1537.9	17753.2	2740.7	17863.6	542.4	3067.8	4291.6
2013	1650.3	17594.6	3090.6	18967.6	565.4	3349.7	4752.4
2014	1717.7	18357.5	3205.3	19558.5	563.2	3152.0	5305.2
2015	1733.4	19718.0	3384.3	20663.1	615.7	3683.3	6162.2
2016	1730.3	20382.5	3599.1	21146.1	584.9	3537.1	6712.8
2017	1786.4	21486.7	3803.5	22075.8	601.1	3502.7	7139.7
2018	1724.9	22460.3	3935.7	22738.6	599.0	3458.2	7328.4
2019	1748.2	25210.6	4055.1	22109.6	608.4	3460.6	7314.0
2020	1773.1	27711.1	4180.3	20481.4	583.3	3469.9	7170.1

资料来源：《中国能源统计年鉴》。

3.2.2　天然气资源产业发展现状分析

天然气主要存在于气田、油田、煤层和页岩层，与煤和石油两种传统化石能源相比，天然气具备清洁环保、安全系数高、热值高等优点。天然气按照在地下的产状可分为油田气、气田气、凝析气、水溶气、煤层气以及固态气体水合物等。天然气按照气源可分为常规天然气和非常规天然气：常规天然气指由常规油气藏开发出的天然气，即勘探发现的能够用传统油气生成理论解释的天然气；非常规天然气指难以用传统石油地质理论解释，在地下的赋存状态和聚集方式与常规天然气藏具有明显差异的天然气，比如，致密气、煤层气、页岩气、可燃冰等。天然气按照形态又可分为常规气、液化天然气（LNG）和压缩天然气（CNG），其中常规气呈气态，主要通过管道运输；LNG 呈液态，体积较小，为常规天然气体积的 1/620 左右，便于长距离的运输；CNG 呈压缩状态，可通过常规气加压后置于装置中，通常作为车辆燃料使用。而天然气则属于低碳化石能源，在电网调峰、交通领域低碳化发展、工业领域减排、城市环境污染治理等方面能够发挥重要作用，发展潜力巨大。2021年，在国家油气增储上产"七年行动计划"和习近平总书记"能源的饭碗必须端在自己手里"① 指示的引领下，通过狠抓理论创新和技术进步，中国天然气勘探再获大面积丰收，亮点纷呈。天然气产量稳定增长，总产量突破 2000 亿立方米。

（1）天然气资源可供量分析。

2021 年全年天然气总产量突破 2000 亿立方米大关，达到 2053 亿立方米，较 2020 年净增 128 亿立方米，增幅 8.2%，较 2019 年增长 18.8%，两年平均增长 9.4%（张硕，2021）。虽然增量和增幅低于 2020 年，但保持了 100 亿立方米以上的增长。2017～2021 年，中国天然气产量已连续 5 年增产 100 亿立方米以上。2021 年天然气总产量中，页岩气为 230 亿立方米，较 2020 年净增约 30 亿立方米，增幅 15%，虽大大低于 2022 年的 39.3%，但仍高于总产量增幅 7 个百分点②。2010～2021 年天然气产量和增长情况具体如图 3－10 所示。

图 3－10 2010～2021 年中国天然气产量和增长情况
资料来源：《中国能源统计年鉴》《中国工业统计年鉴》，海关总署，USGS 前瞻产业研究院。

----

① 任平. 能源的饭碗必须端在自己手里——论推动新时代中国能源高质量发展 ［N］. 人民日报，2022－01－07.

② 标普全球市场财智. Commodities ［EB/OL］. ［2020－09－30］.

2021 年，中国共进口天然气量达 1674.8 亿立方米，比上年净增 271.9 亿立方米，同比增长 19.38%，比 2019 年增长 25.75%。2010 ~ 2021 年天然气进出口量变化情况具体如图 3 – 11 所示。2021 年中国天然气进口量急剧飙升的主要原因如下：①2020 年下半年以来中国天然气受市场需求旺盛的刺激和冬季供需紧张的拉动产生惯性效应；②沿海地区进口 LNG 的接收和处理能力增大；③中亚管道没有如同 2021 年前那样在冬季突然减供；④中俄输气管道进口量快速提升，2021 年进口量达 104 亿立方米，较 2020 年翻了一倍多。

图 3 – 11　2010 ~ 2021 年中国天然气进出口量情况
资料来源：《中国能源统计年鉴》《中国工业统计年鉴》，海关总署，USGS 前瞻产业研究院。

2021 年中国天然气净进口量约为 1618.2 亿立方米，同比净增 267 亿立方米。可见，2021 年增加的天然气消费量主要是进口天然气的贡献，占比达 67.7%，而上年仅为 25.3%。进口量大幅增加将中国天然气消费的对外依存度从上年的 41.2% 推升至 44.1%。在经历了连续两年下跌之后，中国天然气消费对外依存度止跌回升并创历史新高。2021 年的中国天然气发展可以用"稳中有进"来概括：天然气生产稳定增长、市场供应和需求平衡稳定、冬季保供风平浪静、基础设施建设扎实推进；新增天然气探明储量大幅度增长，天然气进口量和消费量增幅巨大。2010 ~ 2021 年天然气供需情况具体如表 3 – 3 所示。

表 3-3　　　　　　　　2010~2021 年中国天然气供需平衡情况

年份	国内产量	进口量	出口量	净进口量	表观消费量	对外依存度（%）
2010	948.5	164.7	40.3	124.4	1073.1	11.6
2011	1026.9	311.5	31.9	279.6	1304.1	21.3
2012	1071.5	420.6	28.9	391.7	1463.0	26.8
2013	1208.6	525.4	27.5	497.9	1708.1	29.2
2014	1301.6	591.3	26.1	565.2	1838.6	29.2
2015	1346.1	611.4	32.5	578.9	1925.5	30.1
2016	1368.3	745.6	33.8	711.8	2080.1	34.2
2017	1480.3	945.6	35.3	910.5	2391.4	38.1
2018	1601.6	1246.4	33.6	1212.8	2814.4	43.1
2019	1761.7	1331.8	36.1	1295.7	3057.4	42.4
2020	1925.0	1402.9	51.7	1351.2	3276.1	41.2
2021	2053.0	1674.8	56.6	1618.2	3671.2	44.1

资料来源：《中国能源统计年鉴》。

（2）天然气资源产业消费量分析。

近年来随着城市化进程的加快和环境保护要求的提高，天然气作为一种清洁高效的能源，被大量用于城市燃气和替代燃油、人工煤气等工业燃料。2021 年以来，我国包括天然气在内的清洁能源占比逐渐提升，相关市场的发展空间依然可观。我国天然气消费集中于沿海及中部人口密集、经济发达的地区，而天然气供应主要集中于中西部地区及领海。天然气表观消费量大幅度增长，天然气在能源消费结构中的占比突破 9%。承接 2020 年下半年中国经济和天然气需求快速复苏焕发的活力，2021 年中国天然气表观消费量（国内生产 + 进口 - 出口，不含储存）达到了 3671.2 亿立方米，净增量 395.1 亿立方米，增幅 12.06%。其中，净增量居历史第二位，增幅为 3 年最高。2010~2021 年天然气表观消费量情况具体如图 3-12 所示。

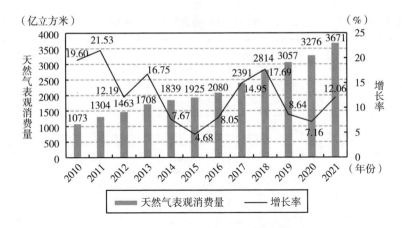

图3-12 2010~2021年中国天然气表观消费量和增长情况
资料来源：《中国能源统计年鉴》《中国工业统计年鉴》，海关总署，USGS前瞻产业研究院。

从行业角度来看，近年来，我国燃气的消费量保持增长趋势，受环保需求的推动、供给侧结构性改革、社会用电需求增长等导向和经济驱动的多重因素影响，我国城镇居民、工业及发电用燃气的需求增长显著。天然气是清洁能源，在环保愈发受到重视的情况下，需求不断增加，天然气行业发展前景较好。全球能源结构性变化，更是天然气供应紧张、天然气价格暴涨的根本原因。2010~2020年我国天然气各行业具体消费数据如表3-4所示。推动天然气需求突然走强的用户或因素包括：①化工化肥用户。2021年是天然气化工化肥行业10余年来难得的景气年，合成氨、氮肥、甲醇等天然气化工化肥产品价格从年初开始一路上涨，在9月、10月间升至历年最高价。在高利润的刺激下，化工化肥行业开足马力生产，天然气需求量暴增。②工业和发电用户。中国工业生产早已恢复正常，而世界许多国家还处在抗疫的封控、管控或限制阶段，工业生产断断续续，许多国家制造业和加工业的订单不得不转向中国。工厂开工率上升，不仅要增加用气量，还要增加用电量，加上电煤价格上涨，天然气发电竞争力增强，发电天然气用量上升。③城镇燃气。其中居民取暖用气对天然气消费量增长的贡献较大，不仅北方地区大多采用天然气取暖，现在许多南方省份的城镇居民也纷纷安装天然气地暖或明暖装置以提高生活质量。

表 3 - 4   **2010～2020 年各行业天然气需求数据**   单位：亿立方米

年份	农牧业	工业	建筑业	交通业	零售餐饮业	其他行业	生活消费
2010	0.5	691.8	1.2	106.7	27.2	26.0	226.9
2011	0.6	875.7	1.3	138.3	33.6	27.1	264.4
2012	0.6	980.7	1.3	154.5	38.7	32.9	288.3
2013	0.7	1129.1	2.0	175.8	39.3	35.6	322.9
2014	0.8	1223.0	1.9	214.4	46.6	41.3	342.6
2015	0.9	1234.5	2.2	237.6	51.3	45.4	359.8
2016	1.1	1338.6	1.9	254.8	53.7	48.2	379.7
2017	1.1	1575.2	1.8	284.7	57.6	52.9	420.3
2018	1.3	1940.1	2.5	286.2	60.8	57.9	468.4
2019	1.2	2092.1	2.8	341.5	62.5	57.3	502.3
2020	1.3	2304.0	2.6	354.3	62.1	55.6	560.0

资料来源：《中国能源统计年鉴》。

3.2.3   石油和天然气资源产业规模以上企业情况分析

    2015 年后，由于国家不断推进供给侧结构性改革，淘汰落后产能，石油和天然气规模以上企业单位数骤然下降，2018 年后虽有增加，但基本维持在 120 个左右，增幅不大，具体情况如图 3 - 13 所示。

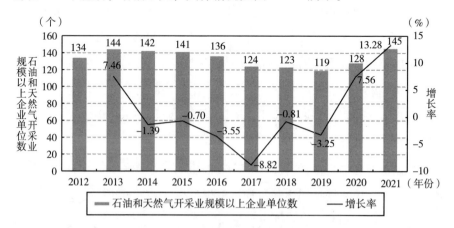

图 3 - 13   2012～2021 年中国石油和天然气开采业规模以上企业单位数和增长情况

资料来源：《中国能源统计年鉴》《中国工业统计年鉴》，海关总署，USGS 前瞻产业研究院。

从行业内规模以上石油和天然气企业主营业务收入、利润总额的走势来看，2012～2021 年整体呈现波动变化态势。其中 2021 年中国规模以上石油天然气企业主营业务收入为 9112.3 亿元，同比增长 36.88%；利润总额为 1687.7 亿元，同比增长 544.06%，均有大幅增长，具体情况如图 3－14 和图 3－15 所示。

图 3－14 2012～2021 年中国石油和天然气开采业规模以上企业主营业务收入和增长情况

资料来源：《中国能源统计年鉴》《中国工业统计年鉴》，海关总署，USGS 前瞻产业研究院。

图 3－15 2012～2021 年中国石油和天然气开采业规模以上企业利润总额情况

资料来源：《中国能源统计年鉴》《中国工业统计年鉴》，海关总署，USGS 前瞻产业研究院。

3.2.4　小结

综合以上供需分析，国内可以供应的石油量只有 1.8 亿 ~ 2 亿吨，缺口达 2.5 亿 ~ 4.3 亿吨。专家预言，由于中国国内自产的石油产量不可能大幅增长，今后新增的石油需求几乎要全部依靠进口，在此背景下，我国石油进口量大幅攀升，将是一个必然的趋势。

中国石油储量有限，石油对外依存度高，石化产业不能依赖石油进行化工生产，必须拓宽原材料渠道，目前快速发展的煤化工也许将成为我国石化原料多元化进程中的又一重要分支。由于目前产品需求出现差异化，为满足人们生活水平日益提高的需要，石化下游产品向功能化、精细化、差异化方向发展成为必然。在实现碳达峰、碳中和目标的过程中，能源行业扮演着重要角色，承担着国家能源供应和消费低碳转型的重任。2021 年，中国主要石油企业完成了业务框架向"油气 + 新能源"的调整，并接连成立一系列新能源公司，打造了一批推动转型升级的"排头兵"。2022 年及以后，中国石油企业将紧跟国家战略和时代发展大趋势，向新能源领域布局，在油气领域稳定发展的基础上，继续扩展业务范围，打造更为多元化的综合性能源公司。

经过近年来的投入、坚持和政府督办，中国天然气进口和储存能力、地下储气库等基础设施建设、输气管道互联互通，建立天然气保供机制等取得一系列进展，保供基础越来越牢固。"双碳"目标为中国天然气大发展提供了前所未有的机遇。为了保障国家能源安全，实现经济发展与环境保护双重目标，需要持续加大国内天然气勘探开发力度。一是保持勘探持续稳定投入，确保勘探持续突破；二是强化科技攻关，依靠技术和管理创新突破勘探禁区，提高气田开发效益；三是加强对已开发气田的综合治理，提高气田的最终采收率；四是统筹优化国内外气源、常规与非常规供气构成，提高应对供气风险的能力；五是对非常规天然气持续给予税收优惠、补贴政策支持,加快非常规气规模效益上产。

3.3 铁矿资源产业发展现状分析

铁矿石是钢铁生产企业的重要原材料,天然矿石(铁矿石)经过破碎、磨碎、磁选、浮选、重选等程序逐渐选出铁。铁矿石是含有铁单质或铁化合物,能够经济利用的矿物集合体。全球已知的含铁矿物多达 260 多种,人们通常开采利用的铁矿物主要是储量大、含量高的磁铁矿、赤铁矿、褐铁矿、菱铁矿 4 大类,其中,赤铁矿是工业上最主要的生产矿石,这种矿石在自然界中经常形成巨大的矿床,目前具有工业意义的铁矿床,按其成因可分为沉积变质型、岩浆型、接触交代型、热液型、沉积型(火山型)和风化型 6 种主要类型,其中以沉积变质型最重要。

3.3.1 铁矿资源产业可供量分析

钢铁是国民经济发展的重要基础,中国经济增长离不开对铁矿石的需求。《中国制造 2025》指出,打造具有国际竞争力的制造业,是我国提升综合国力、建设世界强国的必由之路。中国的钢铁工业自改革开放以来有了突飞猛进的发展,2000 年以后,中国逐渐成为世界钢铁消费中心(张艳飞等,2015),钢铁的生产和消费量均跃居世界首位。2001~2013 年,随着中国经济的飞速发展,铁矿石需求迅速高涨,带动了铁矿石价格的快速上升以及全球性铁矿石供不应求,铁矿资源的勘查开发及供需情况成为研究关注的热点(赵一鸣,2004;王瑞江等,2009;高芯蕊和王安建,2010;范振林,2013)。然而 2014 年以后,受中国经济转型、城镇化与工业化进程日趋成熟、人口红利逐渐衰减等影响,钢材需求趋于收缩，前期钢铁产能过度扩张，产能过剩格局由此而形成（张艳飞等，2014；顾琳，2015；姜雪薇，2017）。受此影响，我国铁资源需求增长趋缓达到顶点并开始逐渐下降，铁矿石价格震荡走低，勘查投入持续下行。2014～2018 年我国铁矿石原矿产量已连续四年下滑，2018 年产量 7.63 亿吨，仅为 2014 年的 50.4%。2016 年 2 月，国务院印发《关于钢铁工业化解过剩产能实现脱困发展的意见》，首次提出钢铁工业明确的改革目标：5 年将压减 1.5 亿吨产能。近年来中国铁矿石原矿产量逐年攀升，2021 年中国铁矿石原矿产量达 9.81 亿吨，较 2020 年增加了 1.14 亿吨，同比增长 13.15%[①]。2010～2021 年中国铁矿石原矿产量和增长情况如图 3-16 所示。

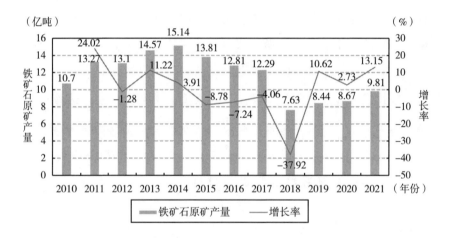

图 3-16　2010～2021 年中国铁矿石原矿产量和增长情况
资料来源：《中国能源统计年鉴》《中国工业统计年鉴》，海关总署，USGS 前瞻产业研究院。

据中国海关总署公布的数据，2018 年全年铁矿石进口量降至 10.64 亿吨，连续三年超过 10 亿吨。2018 年该进口数据低于 2017 年创下的纪录 10.75 亿吨，同比下降 1%，为 2010 年以来首次年度下降。对于铁矿石进口量出现下降，主要有三方面原因：第一，2018 年环保限产执行较为严格，钢厂高炉及烧结生产均受到一定限制，对铁矿石需求造成一定影响，而部分钢厂还通过转炉基至高炉添加废钢来提高粗钢和生铁产量。第二，钢厂

---

① 国家统计局. 铁矿石原矿产量 [EB/OL]. 2018-12-20.

对高品位铁矿石的使用比例提高，也使得铁矿石整体用量减少。第三，在铁矿石供应相对充足的情况下，钢厂全年补库积极性并不高，2018年港口及钢厂铁矿石库存均低于上年同期。2016年以来，中国钢铁行业率先进行了供给侧结构性改革。随着地条钢的出清及环保高压，行业内"劣币驱逐良币"的现象大为改观，钢铁行业的利润得到较大修复。2017年后我国铁矿石进口量与进口金额呈增长态势。铁矿石进口来源国较为集中，澳大利亚与巴西铁矿进口量占据我国进口量的近80%。2010~2020年，中国铁矿石进口量整体呈增长态势，2019年全年中国铁矿砂及其精矿进口量达到了10.69亿吨，累计增长0.5%，2020年达到11.7亿吨，较上年的10.69亿吨增加9.4%，突破2017年创出的10.75亿吨的铁矿石年度进口量历史高位。2020年，我国新基建投资增加提振需求，铁矿石下游行业中的钢铁行业需求量增加，带动行业整体需求增加。2021年全年中国铁矿砂及其精矿进口量累计达到11.26亿吨，略有下降，累计减少3.76%。中国铁矿石进口额明显大于出口额，中国是全球重要的铁矿砂及其精矿进口国之一[①]，2010~2021年铁矿石进出口量情况如图3-17所示。

图3-17　2010~2021年铁矿石进出口量情况

资料来源：《中国能源统计年鉴》《中国工业统计年鉴》，海关总署，USGS前瞻产业研究院。

---

① 中华人民共和国海关总署. 进口主要商品量值［EB/OL］. 2018-01-23.

3.3.2 铁矿资源产业消费量分析

随着下游应用领域的飞速发展，对铁矿石的需求不断扩大，近年来全球铁矿石表观消费量稳步增长，2019 年全球铁矿石表观消费量达 23.157 亿吨，较 2018 年增加了 1.695 亿吨，同比增长 7.90%，受新冠疫情影响，2020 年全球铁矿石表观消费量有所下滑，2020 年全球铁矿石表观消费量为 22.991 亿吨，较 2019 年减少了 0.166 亿吨，同比减少 0.72%[①]。随着下游应用市场的不断扩大，2020 年中国铁矿石消费量平稳增长，2020 年中国铁矿石表观消费量达 14.2 亿吨，较 2019 年增加了 0.10 亿吨，同比增长 0.71%，中国铁矿石消费量明显大于产量，需求缺口主要来源于进口。铁矿石作为生产钢铁最主要的原材料之一，中国是全球最大的钢铁生产国，也是铁矿石消费大国，2020 年中国表观消费量达 14.2 亿吨，占全球铁矿石表观消费总量的 62.0%，全球排名第一；印度表观消费量为 1.525 亿吨，占全球铁矿石表观消费总量的 6.6%，全球排名第二；日本表观消费量为 0.994 亿吨，占全球铁矿石表观消费总量的 4.3%，全球排名第三[②]。2010 ~ 2021 年中国铁矿石表观消费量和增长情况如图 3 - 18 所示。

图 3 - 18　2010 ~ 2021 年中国铁矿石表观消费量和增长情况

资料来源：《中国能源统计年鉴》《中国工业统计年鉴》，海关总署，USGS 前瞻产业研究院。

---

①②　资料来源：《中国能源统计年鉴》《中国工业统计年鉴》，海关总署，USGS 前瞻产业研究院。

3.3.3 铁矿资源产业规模以上企业情况分析

2016 年以来，由于我国钢铁行业飞速发展带来的产能严重过剩问题的出现，钢铁行业开始进行改革。随着我国钢铁行业去产能、取缔"地条钢"的持续推进，2016～2019 年我国钢铁行业企业也随之减少。随着产业结构优化的完成，行业企业也有所回升。2012～2021 年中国铁矿采选业规模以上企业单位数和增长具体情况如图 3－19 所示。

图 3－19 2012～2021 年中国铁矿采选业规模以上企业单位数和增长情况

资料来源：《中国能源统计年鉴》《中国工业统计年鉴》，海关总署，USGS 前瞻产业研究院。

2012～2019 年，我国铁矿石产量呈现先升后降的走势，但 2019 年有所回升。供给侧结构性改革后，2016～2020 年中国铁矿石产销率呈先上升后下降的趋势。2021 年我国钢铁行业运行面临的下行压力较大，但充分考虑到进出口等因素，即便行业继续调控粗钢产量，全年钢铁消费仍将呈现增长态势。我国钢铁行业营业收入较为稳定，整体呈现一个波动上涨的趋势。新冠疫情这一"黑天鹅"事件使 2020 年国内外钢铁行业受到较大影响，海外产销均出现大幅下滑。2021 年，全球经济复苏成为主旋律，尤其是海外复工复产带动需求持续旺盛，中国铁矿石市场将延续供需紧平衡状态。从行业内铁矿采选业规模以上企业主营业务收入、利润总额的走势来看，我国铁矿石 2012～2021 年整体呈现波动变化态势，具体情况如图 3-20 和图 3-21 所示。

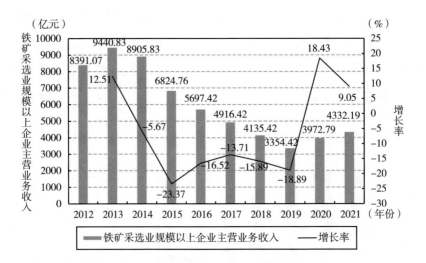

图 3-20　2012～2021 年中国铁矿采选业规模以上企业主营业务收入和增长情况

资料来源：《中国能源统计年鉴》《中国工业统计年鉴》，海关总署，USGS 前瞻产业研究院。

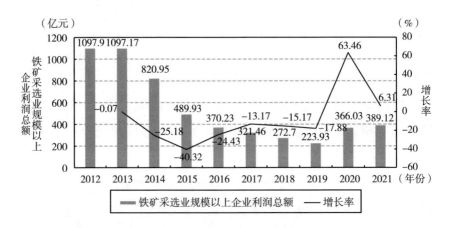

图 3-21　2012～2021 年中国铁矿采选业规模以上企业利润情况

资料来源：《中国能源统计年鉴》《中国工业统计年鉴》，海关总署，USGS 前瞻产业研究院。

3.3.4 小结

受矿资源禀赋较差、贫矿多、开发利用成本高以及国际铁矿石供应被淡水河谷、力拓、必和必拓等巨头联合把控的影响，近年来我国铁矿石供需缺口进一步扩大，对外依存度持续攀升。而随着宏观经济和商品消费需求的平稳增长，铁矿石采选行业需求也出现了较明显增长。在当前钢铁产业供给侧结构性改革及环保限产的背景下，亟须梳理中国铁矿石的资源现状及供需格局，明晰未来需求前景，为我国铁矿石及钢铁产业可持续发展指明方向。根据国务院、发改委及工信部等先后出台的包括《关于促进钢铁工业高质量发展的指导意见》、铁矿石采选行业《"十四五"原材料工业发展规划》等一系列的政策文件，提出要给予铁矿石采选行业中有实力的企业相关政策支持，加强基础建设，使其增强自主创新能力，以便培育形成具有巨大影响力的行业品牌。我国铁矿石采选行业在多种利好的政策支持下将迎来转型发展的良好时机，为进一步发展奠定坚实基础。

3.4 铜和铝资源产业发展现状分析

3.4.1 铜资源产业发展现状分析

在中国，铜是极为紧缺的战略性矿产资源，在金属材料领域的消费量仅次于铁和铝，是电力、基础设施建设以及新能源汽车领域的核心金属（王燕东，2020）。

（1）铜资源产业可供量分析。

铜矿石是含有铜单质或铜化合物且具有经济利用价值的矿物集合体，

是铜金属冶炼领域的原材料。从我国铜矿石原矿产量情况来看，2010 ~ 2021 年铜矿石原矿年产量保持在 100 万吨以上，其中，2010 ~ 2016 年，中国铜矿石原矿产量继续快速上涨，从 119 万吨上涨至 190 万吨，2016 年产量达到近年的峰值，但在随后的两年产量出现了下滑，至 2019 年后产量逐年上升，2021 年铜矿产量达到 180 万吨。2010 ~ 2021 年中国铜矿石原矿产量和增长情况如图 3 – 22 所示。

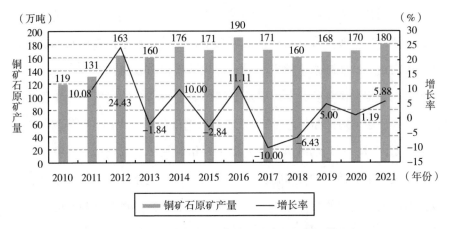

图 3 – 22 2010 ~ 2021 年中国铜矿石原矿产量和增长情况

资料来源：《中国能源统计年鉴》《中国工业统计年鉴》，海关总署，USGS 前瞻产业研究院。

从我国精炼铜进口情况来看，近年来我国精炼铜进口量整体处于波动上涨的趋势。从出口情况来看，近年来我国精炼铜出口量整体处于下降的趋势中。我国精炼铜行业庞大的产能体量带来了巨大的铜精矿需求，但由于我国仅拥有全球 3.14% 的铜矿储量且平均品位较低，铜精矿的对外依存程度正在逐年提高。后疫情时代，中国对海外铜资源的需求还将继续攀升，在供应端会更加依赖海外。2010 ~ 2021 年我国铜矿砂及其精矿进出口情况如图 3 – 23 所示。

（2）铜资源产业消费量分析。

从消费量情况来看，仅 2015 年有所降低外，其他年份精炼铜消费量处于增长趋势。特别是随着我国建筑、电力、家电、新能源电动汽车等行业的快速发展，我国精炼铜需求量持续增长。在过去的 20 年中，中国

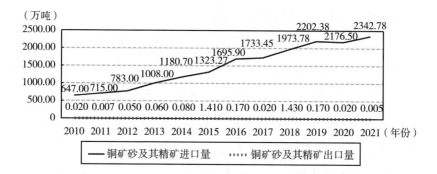

图3-23 2010~2021年中国铜矿砂及其精矿进出口量情况
资料来源:《中国能源统计年鉴》《中国工业统计年鉴》,海关总署,USGS前瞻产业研究院。

是世界上铜资源消费增长最快、增幅最大的国家,几乎拉动了全球所有的需求增量。疫情期间全球经济遭受重创,从中长期来看中国仍有较大的消费增长潜力,后疫情时代中国将依然是全球铜资源消费增长的主要驱动力。2020年我国精炼铜表观消费量达1448.3万吨,同比增长11.3%;2021年,我国精炼铜表观消费量达1476.8万吨。2010~2021年我国精炼铜表观消费量和增长如图3-24所示。

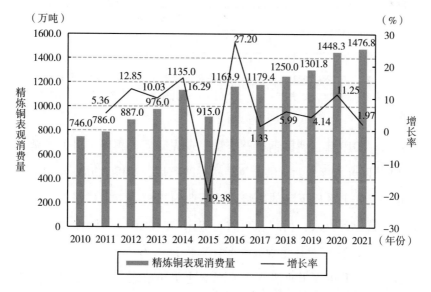

图3-24 2010~2021年中国精炼铜表观消费量和增长情况
资料来源:《中国能源统计年鉴》《中国工业统计年鉴》,海关总署,USGS前瞻产业研究院。

（3）铜资源产业规模以上企业情况分析。

中国是世界上铜矿较多的国家之一，但铜矿储量规模相对于铁矿、煤炭等其他矿产资源较小，铜矿采选规模以上企业单位数从 2014 年开始持续下降，尤其是供给侧结构性改革后降速比较快，由于 2019 年后铜冶炼行业和铜加工行业的强大需求支撑着铜矿开采业多年来保持高景气度，随着产业结构优化的完成，行业规模以上企业降速幅度相对减缓。2012～2021 年中国铜矿采选业规模以上企业单位数和增长具体情况如图 3－25 所示。

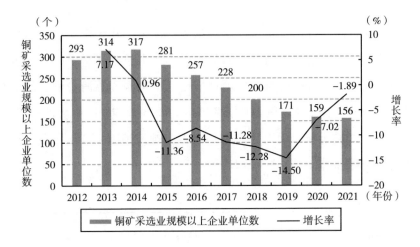

图 3－25　2012～2021 年中国铜矿采选业规模以上企业单位数和增长情况

资料来源：《中国能源统计年鉴》《中国工业统计年鉴》，海关总署，USGS 前瞻产业研究院。

2012～2019 年，我国铜矿石产量呈现先降后升再降再升的走势，尤其 2019 年回升力度较大。供给侧结构性改革后，2017～2020 年中国铜矿石产销率呈先上升后下降的趋势。从行业内规模以上铜矿采选业规模以上企业主营业务收入、利润总额的走势来看（见图 3－26 和图 3－27），可知 2012～2021 年整体呈现波动变化态势。

近几年，我国铜工业消费、生产增速明显放缓，工业化发展规律表明，随着一国经济发展水平提高，铜单位 GDP 生产与消费强度会经历一个"由低到高,再由高到低"的量变过程,产业发展水平也有可能在这种量变中发生质变,最终实现行业整体"由大到强"。针对目前新形势新挑战,需要做好以下几项举措。

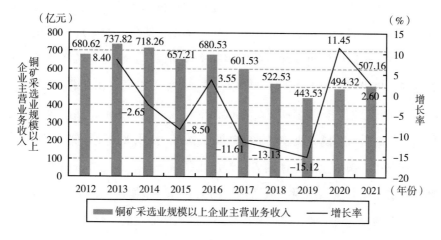

图 3 – 26   2012~2021 年中国铜矿采选业规模以上企业主营业务收入情况

资料来源:《中国能源统计年鉴》《中国工业统计年鉴》,海关总署,USGS 前瞻产业研究院。

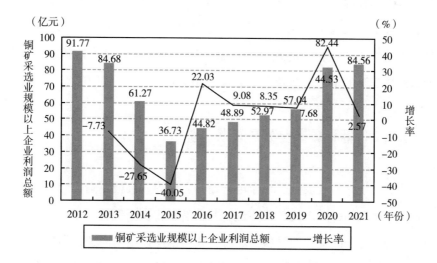

图 3 – 27   2012~2021 年中国铜矿采选业规模以上企业利润和增长情况

资料来源:《中国能源统计年鉴》《中国工业统计年鉴》,海关总署,USGS 前瞻产业研究院。

一是要充分认识当前产业发展所处的阶段，转变发展理念。改革开放以来，我国铜工业取得巨大成就，建成了全球最为完整的工业体系，成为世界第一大铜生产、消费、贸易国。因此中国铜行业企业要充分认识当前产业发展所处的阶段，全面审视铜产业链的短板和弱项。要着力绿色低碳转型，实现低碳发展；要加快国际合作，实现全球化产业布局；要积极参与全球产业链供应链再调整，争取国际市场话语权；要深化铜产业链的原始创新、集成创新和协同创新，实现全产业链协调发展（田尤等，2015）。

二是积极把握新发展机遇，准确识变积极谋变。当前，铜产业正在走向新时代高质量协同升级发展的突破期，准确识变积极谋变是突破"瓶颈"的最佳路径。铜产业要抓住助力终端应用领域减排、新能源领域形成的新赛道，着力提高供给质量，激活消费潜力，进一步畅通国内大循环，从主要满足普通制造业需要，转向支撑战略性新兴产业发展（樊礼军，2019）。

三是重视疫情带来的新挑战，有效识别投资风险。新冠疫情影响海外铜资源开发及投资风险正在加大，为了保障中国铜资源稳定供应，应加大国内铜资源的勘查力度，增加资金投入，力争保障国内关键产业铜资源的自给；加强多边国际合作，降低铜资源的进口集中度；给予在海外投资的中资企业相应的政策和金融支持，积极扩大海外冶炼产能，打通非洲铜资源的上下游产业链（曾涛，2020）。

3.4.2　铝资源产业发展现状分析

铝具有较好的延展性，在家电、通信、电力、机械制造、包装、交通运输以及建筑等行业应用较为广泛，其消费量仅次于钢铁，是中国工业化进程中必不可少的基础性材料。新时代我国铝产业正由高速发展转向高质量发展，既面临增速放缓、效益下滑的严峻考验，也呈现出结构优化、创新能力增强等积极变化。作为中国战略性矿产资源之一，研究铝资源供需状况对国民经济发展、国家安全与社会稳定具有重要作用（刘雨蒙，2016）。

（1）铝资源产业可供应量分析。

铝元素在地壳中的含量仅次于氧和硅，居第三位，是地壳中含量最丰富的金属元素。铝在矿物中主要以铝土矿的形式存在，我国铝土矿储量较少，大多依赖进口。近年来由于下游铝加工需求增加，我国铝土矿供应规模越来越大。铝土矿是用来生产氧化铝的一种自然界存在的含铝的原料。铝土矿石按矿床、矿石类型分成沉积型一水硬铝石、堆积型一水硬铝石及红土型三水铝石三大类型，每种类型按化学成分划分牌号（佘欣未等，2020；任晓娟等，2019；高兰等，2015）。

中国铝矿石行业市场规模与国民经济发展情况高度关联。2010 ~ 2021 年，受下游铝材需求量持续扩大驱动，以及环保督察、矿山整顿、矿业权出让制度改革等政策的不断限制，中国铝矿石行业市场规模（按产量计）持续呈震荡式增长，受国内外各种因素的影响，近年来我国国产铝土矿的产量先升后降，增速下降，2010 ~ 2021 年中国铝土矿产量规模和增长情况如图 3 – 28 所示。根据世界银行的最新排名，中国是全球第三大铝土矿生产国，仅次于澳大利亚和几内亚。

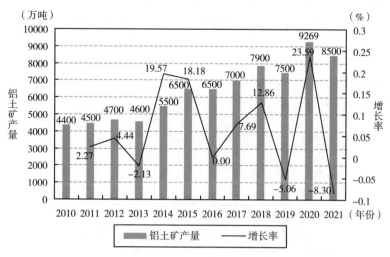

图 3 – 28　2010 ~ 2021 年中国铝土矿产量和增长情况

资料来源：《中国能源统计年鉴》《中国工业统计年鉴》，海关总署，USGS 前瞻产业研究院。

我国铝土矿供应不及需求增加水平，当前我国高质量铝土矿存量极少，可利用资源的质量也在逐年下降。由于我国的铝土矿资源具有高铝高硅、铝硅比低的特点，铝硅比在 5 以下的矿石占资源总量的 70% 以上，经过多年的消耗，我国铝硅比在 8 以上的高品位铝土矿已濒临枯竭，众多氧化铝企业被迫采用中低品位铝土矿[①]。由于国内资源匮乏且禀赋不佳，中国铝工业在很大程度上依赖进口资源进行生产。近十余年来，中国资源进口结构发生了明显变化。2005 年以前，中国以直接进口氧化铝为主，铝土矿对外依存度较低；随着中国使用进口矿的氧化铝产能不断扩大，转为进口铝土矿，铝土矿对外依存度大幅提升。因此我国铝土矿消费严重依赖进口，我国铝土矿进口量远大于出口量，中国铝土矿的需求是以进口海外更为优质的三水铝土矿为主，其占据全球铝土矿进口量的 3/4。2010～2021 年我国进口铝土矿规模呈波动上涨趋势，2019 年后我国铝土矿进口超过 1 亿吨，主要从资源储量较为丰富的几内亚、澳大利亚和印度尼西亚等地区进口。2016～2018 年中国铝矿砂及其精矿出口量持续上升，到 2018 年上升至 8257 万吨。2019 年和 2020 年由于受中美贸易战和新冠疫情的影响，使中国铝矿砂及其精矿出口量巨幅下滑，2019 年相对于 2018 年下降了 13.6%。2021 年中国铝矿砂及其精矿出口量为 4.36 万吨。2010～2021 年我国铝矿砂及其精矿进出口情况如图 3-29 所示。

图 3-29　2010～2021 年中国铝矿砂及其精矿进出口量情况

资料来源：《中国能源统计年鉴》《中国工业统计年鉴》，海关总署，USGS 前瞻产业研究院。

---

① 资源来源：USGS 前瞻产业研究院整理。

未来受下游氧化铝市场持续利好的影响，我国铝土矿供给仍然会呈增长趋势，并且进口比例将会不断增大，未来铝土矿行业供给增长主要受到以下四个因素驱动：铝矿石开采工艺实现无人化、智能化，行业开采效率提高、开采成本降低；行业整合进程加快，集中度进一步提升，促进规模化、集约化经营，提高行业整体议价能力；中国"一带一路"倡议加快布局海外铝矿石资源，优先使用进口铝土矿资源，保留国内铝土矿资源；下游需求增长，铝土矿价格高位增长，驱动铝矿石行业持续增长。

（2）铝资源产业消费量分析。

因国内经济持续下滑，2016年开始铝土矿表观消费整体明显放缓，下游行业除个别领域增速可观，多数消费领域严重下滑。消费增速大幅放缓，产能维持高位，将继续给铝价施压，2017年后铝价继续在低位运行，难有大反弹，震荡筑底的概率较大。2010～2021年我国铝土矿表观消费量情况如图3－30所示。

图3－30　2010～2021年中国铝土矿表观消费量和增长情况

资料来源：《中国能源统计年鉴》《中国工业统计年鉴》，海关总署，USGS前瞻产业研究院。

（3）铝资源产业规模以上企业情况分析。

铝矿采选业规模以上企业单位数从 2014 年开始持续下降，尤其是供给侧结构性改革后降速比较快。随着我国经济的不断发展、人们生活水平的不断提高，人们的消费观念和消费水平也有了很大的转变与提升。在这个契机下，铝矿行业也得到了快速发展，2019 年后行业规模以上企业单位数略有增加。2012～2021 年中国铝矿采选业规模以上企业单位数和增长情况如图 3-31 所示。

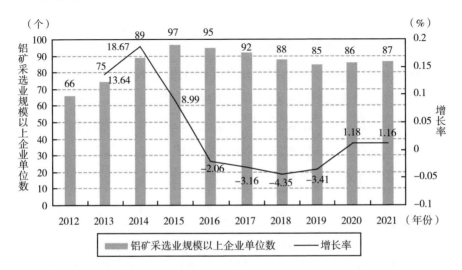

图 3-31　2012～2021 年中国铝矿采选业规模以上企业单位数和增长情况

资料来源：《中国能源统计年鉴》《中国工业统计年鉴》，海关总署，USGS 前瞻产业研究院。

近些年，随着我国工业化水平不断提升，城市化建设进程的不断推进，在资源与能源方面的基础性材料的需求量逐年提升，同时在我国政治地位影响力不断提升的作用下，我国整体经济必将迎来发展的高峰，尤其是工业建设领域的强大驱动力将会得到稳定提升，促进我国铝工业发展态势的全面展开。从行业内铝矿采选业规模以上企业主营业务收入、利润总额的走势来看，我国铝矿石 2012～2021 年整体呈现先升后降再升持续呈现震荡式波动走势，具体情况如图 3-32 和图 3-33 所示。

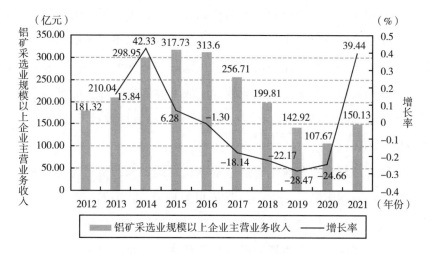

图 3－32 2012～2021 年中国铝矿采选业规模以上企业
主营业务收入和增长情况

资料来源：《中国能源统计年鉴》《中国工业统计年鉴》，海关总署，USGS 前瞻产业研究院。

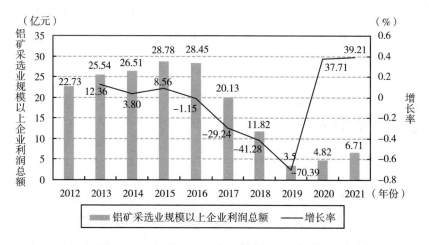

图 3－33 2012～2021 年中国铝矿采选业规模以上企业利润总额和增长情况

资料来源：《中国能源统计年鉴》《中国工业统计年鉴》，海关总署，USGS 前瞻产业研究院。

3.4.3 小结

现阶段，我国铝工业产品依然处于全球铝工业价值链底端，原铝加工与铝具粗加工是我国目前主要的产品形式，技术含量较低。我国铝业企业使用的生产仪器、设备普遍较为落后，技术水平也不够高，因此不但生产规模较小而且产品档次较低，在国际市场上的竞争能力较弱，能够进行高精尖铝产品加工的企业较少，缺乏具备高附加值的高端铝制产品，无法在国际市场上获取有利地位，企业经济发展效益不高（刘少丽，梁亚楠，2019）。

我国在迎接经济全球化与信息全球化发展带来的机遇与挑战时，在国家发展层面制定了"一带一路"等相关政策，我国铝工业发展得到了有效的政策支持，铝产业的发展有了坚实的保护屏障。随着经济全球化发展的进一步深入，在激烈的市场竞争刺激下，我国国内铝业企业的发展问题与发展缺陷不断暴露，促使企业认识到自身单一化产品发展面临着极大的市场风险。铝业企业也正是在这种环境下得到了积极调整产业结构的机会，通过不断地优化资源配置，完善产业配套，在新能源与低成本技术的研发方面下功夫，更好地提升了企业的发展规模与发展效益。

3.5 本章小结

本章主要选取能源矿产资源（煤炭、石油、天然气），金属矿产资源（铁、铜、铝）6个矿种进行产业发展现状分析，主要从矿种内产量、进出口量、消费量以及各类经济指标等方面进行分析，侧重于研究这些矿种在供给侧结构性改革前后的变化，以期分析其改革成效。

第4章

战略性矿产资源产业升级理论
与测算模型

2021 年是我国"十四五"规划的开局之年,国家"十四五"规划纲要明确指出,对于我国传统产业发展亟须加速进行产业转型改造升级,优化产能结构,完善价格体系,促使行业高质量发展。我国矿产资源产业自新中国成立至今,经历了从无到有、从小到大的发展历程。传统产业的逐步转型升级、战略性产业的高速发展、高新技术的不断兴起、生态文明建设稳步推进,是"十四五"产业升级发展的应有之义,也是实现我国经济高质量发展的必然要求。中国经济已由高速增长转向高质量发展阶段,迫切需要转变发展方式、优化经济结构、转换增长动力,而产业升级是优化经济结构并实现高质量发展的必要路径。实现"碳中和"既要严格控制传统高耗能、重化行业新增产能,又要大力发展新型绿色低碳经济,推进产业结构调整和升级。

4.1 产业升级相关理论

4.1.1 产业界定

"产业"是 20 世纪以来经济学的核心概念之一。产业概念的提出存在理论和现实上的双重意义。从理论意义上看，产业概念的提出是因为微观经济学和宏观经济学在某些问题上的"失灵"（杨公仆，2005）。从现实意义上讲，产业概念是社会专业化分工达到一定程度的必然产物。"产业"的发展离不开人类社会的生产活动。自产生以来，产业就被定义为一个中观概念，产业经济产生的一个理论契机是微观经济学和宏观经济学在某些问题上的"失灵"，所以产业本身就是介于微观经济和宏观经济之间的概念。产业经济的研究对象主要是具有一定经济特性的企业集合，而"企业集合"不是非以价格理论为核心的微观经济，也不是以国民收入理论为核心的宏观经济。

4.1.2　产业升级内涵

在现代经济体系形成的过程中，产业升级无疑是受到最多关注的话题之一，有学者甚至认为产业升级就是经济发展的实质。学术界对于产业升级的研究可以追溯到学者们关于经济结构演变历史的探讨（喆儒，2006）。较早时期产业升级的概念较为混乱，直到20世纪末，产业升级才作为一个专业的经济学术语出现（陈羽和巧国良，2009）。

"产业升级"的内涵应该是对产业升级本质的总结和提炼，本书对于产业升级内涵的界定至少包含以下几层含义。

第一，产业升级应该与经济持续发展存在内在的一致性。产业升级的主体是产业，而产业不是从来就有的，是随着生产力的发展和社会分工的推进而产生的。从单个产业来看，产业是具有一定经济特征的经济体的集合。但是，所有产业范畴的加总必然与社会经济范畴相同。而产业升级不仅涉及产业内升级，同时也涉及产业间升级。从范围上看，发展就是经济结构的成功转变，因此也可以认为，经济发展是产业升级的目的与意义。

第二，产业存在不同层次的升级路径（张其仔，2008）。产业升级既包括产业结构调整，也包含产业从低附加值到高附加值的攀升，还包括产业从低技术水平向高技术水平的进步。然而，无论何种形式的产业升级，都必须以提高投入产出效率为目标。例如，产业结构的调整是为了提高要素在产业间与产业内的配置效率，技术进步是为了提高产业内的技术效率，附加值的攀升既涉及资源的配置效率又涉及生产的技术效率。

第三，产业升级是一个持续的过程。产业升级意味着低效率生产方式的淘汰和高效率生产方式的确立。因此，从机制上看，产业升级是一个破旧立新的过程。打破固有的、不合理的、低效率的生产方式，确立新型的、合理的、高效率的生产方式不可能是一蹴而就的。首先要面对的问题是：哪些生产方式是低效率的？从价值链角度看，地区产业的经济效率是分工和专业化的结果，地区产业升级的过程应该以本地区比较优势为导向，而比较优势是一个动态的概念，随着经济的发展，地区比较优势并不是一成不变的，这在客观上要求产业处于不断地升级过程中。也可以说，产业升级是地区产业结构对地区比较优势持续地适应性调整的过程。

4.1.3 产业升级外延

产业升级的外延规定产业升级的范围。产业升级的研究逐渐由宏观视角的产业间结构转换到中观视角的产业内价值链升级以及微观视角的产品层面，从而形成了多层次的理论体系。

（1）基于产业结构视角的产业升级。

结构是比例问题，产业结构则是不同产业的要素投入或产值等经济指标的分布状况或比例关系，而产业结构调整则是指这种分布状况或比例关系的变化。产业结构优化是指产业结构合理化、高级化、高效化。评判产业结构是否合理主要是看它是否是由本国要素禀赋的相对丰裕程度决定的（林毅夫，2015），一国的要素禀赋结构决定了该国的比较优势，而具有比较优势的产业才能承受相应的沉没成本。

不同的产业观产生不同的产业划分标准，最为常见的是"三次产业分类法"，以及以其为依据衍生出来的"标准产业分类法"。三次产业间结构的调整表现出的是各产业在社会经济中比重的变化，但本质上反映的是资源在产业之间的配置状态，如劳动力和资本的转移。产业间的资源配置关系依据一定的经济规律，例如，"配第—克拉克定理"揭示了产业结构演变的一般性趋势变化，即要素（劳动、资本等）随着人均国民收入的提高，首先由第一产业向第二产业转移，进而再向第三产业转移。然而，该定理主要是对产业结构调整的描述，而没有分析为何"产业结构调整"会发生。库兹涅茨的"人均收入影响论"对"配第—克拉克定理"解释分析了产业结构调整的方向及动因。事实上，就劳动力而言，产业结构调整的主要原因在于相对收入差异，或者说是比较劳动生产率上的差异。就某一产业而言，其比较劳动生产率用公式可表示为：

$$比较劳动生产率 = \frac{产业产值比重}{劳动投入比重} \qquad (4-1)$$

式（4-1）中，在某一产业比较劳动生产率不变的情况下，国民收入的比重与劳动投入的比重成正比，即随着某一产业国民收入比重的增加，其对应的比较劳动生产率会提高。一般情况下，这意味着随着平均劳动收益的上升，劳动力会从比较劳动生产率低的产业向比较劳动生产率较高的产业转移。事实上，劳动力在产业间转移的动机在于其"逐利性"，即生产要素有向单位要素生产率更高的产业转移的属性。在配第等的研究中，劳动力被作为考察的唯一要素指标。显然，现实中其他要素（如资本、土地等）的"比较生产率"也具有相同的转移动机。根据式（4-2），拓展的某一产业的比较要素生产率可以统一表述为：

$$比较要素生产率 = \frac{产业产值比重}{要素投入比重} \qquad (4-2)$$

可见，要素在产业之间的转移是要素单位收益比较的结果，达到均衡时，各产业间单位要素收益相同。理论上，只要存在单位要素收益的差异就意味着该要素存在效率上的"损失"，资源转移的最终目的在于实现要素效率的最大化。通俗地说，将资源配置到要素单位生产率最高的产业中去，增加高效率产业比重，降低低效率产业比重，就是产业结构调整最根本的动机。必须强调的是，产业结构调整促进产业升级的过程是相对的，其相对性体现在：技术水平不变的情况下，要素投入结构要与市场需求结构相契合；边际报酬递减的条件下，资源由低效益产业向高效益产业流动；社会分工的背景下，产业间协调发展满足产业链的完整和协调；随着技术水平的提高，产业升级应伴随低效产业的淘汰和高效产业的发展。

（2）基于价值链攀升角度的产业升级。

价值链的概念首先是由迈克尔·波特提出。价值链是从商品链发展而来的，商品链是指国际贸易网络下从装配到原始设备制造（original equipment manufacturing，OEM）和代工厂经营自有品牌（original brand manufacturing，OBM）出口（Gereffi G.，1999）。全球商品链的各个环节蕴含着价值创造与分配过程，以及各个环节之间的内在联系。汉弗莱和施密兹（Humphrey & Schmitz，2002）进一步将价值链升级细分为工艺流程升级、产品升级、功能升级。

由于强调分工，价值链存在两个特征：其一，参与价值链的地区以自身比较优势为依据选择合适的环节嵌入价值链。不同国家（地区）专注于自身具有比较优势的部门或环节，以产业为单位嵌入全球价值链中，并展开竞争与合作。其二，价值链不仅具有组织产业运行的功能，同时也是价值分配的重要形式。价值链的不同环节存在着附加值的差异，由于各成员所承担的分工环节不同，因而在价值分配中的利润获取能力也存在显著差异。不同分工环节附加值的分布构成著名的"微笑曲线"，如图 4-1 所示。

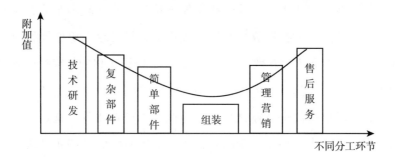

图4-1 微笑曲线

由图4-1可知，不同价值链环节的附加值存在明显差异。一般而言，越是往价值链两端环节延伸的地区，所能获得的附加值越高，价值获取的能力越强。正是由于这种价值获取能力的差异，各地区存在价值链角度上产业升级的动机。从价值链角度看，产业升级具体存在如下四种模式：技术提升、价值链后端延伸、加工程度提升和价值链跨越（见图4-2）。

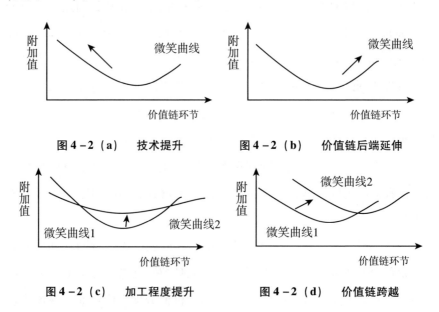

图4-2（a） 技术提升　　　　　图4-2（b） 价值链后端延伸

图4-2（c） 加工程度提升　　　　图4-2（d） 价值链跨越

由于价值链低端环节往往对应着技术含量比较低的产业分工。技术水平的提升可使得地区产业向价值链前端延伸，参与研发等环节的竞争，从而提高地区产业附加值。价值链服务端延伸模式，实际上是处于价值链低端的地区提升其在营销、管理以及生产性服务环节的参与程度，从而获得更高的附加值。从中容易发现，以上两种产业升级模式实际上是地区以向同一条价值链两端延伸的方式，使本地区产业参与价值链高端环节的竞争。加工程度提升的产业升级模式是以不断提升地区产业智能化、自动化、信息化水平，尽可能地提升本环节的加工程度，增大价值创造的空间，同时也将"附加成本"降至最低，从而提高本地区产业附加值。在此过程中，尽管在价值链中所处的环节没有改变，但由于改变了固有价值链的形态，同样达到了产业升级的效果。价值链跨越模式的产业升级是指地区以放弃原有价值链转而参与到不同价值链的方式，实现产业升级。价值链是产业的组织形式，价值链的跨越则需要放弃一种产业转向另一种产业的经营，这通常意味着原产业创造价值的能力在逐渐减弱，或是地区具有更高附加值产业的选择。

上述四种基于价值链的产业升级模式，虽然在升级动因上差异显著，但四种模式都是以提升地区产业价值获取的能力为升级动机，通过发挥或提高地区产业的技术水平，最终达到地区产业产出投入比提升的目的。这符合上文对产业运行技术效率的界定。因此，可认为上述基于价值链的产业升级，正是产业运行技术效率的提升，并且可通过技术效率指标进行衡量。

（3）基于产品角度的产业升级。

从微观层面来看，产业升级一定程度上就是产品的升级即产品从低附加值、低技术水平向高附加值、高技术水平转化。从产品空间的角度研究产业升级则是学者们另一个关注的方向。2005 年之后，豪斯曼、罗迪克、克林格和伊达尔戈（Hausman，Rodick，Klinger & Hidalgo）提出了"出口产品技术复杂度"的概念及"产品空间"的工具，正式提出产品空间理论。比如，学者毛琦梁和王菲（2017）通过产品空间理论解释了比较优势是怎样影响产业升级的。产品具有高度的异质性，每一种产品都是一系列生产能力的组合，包括知识、有形资产、中间投入品、知识产权、员工培训、制度基础等一系列的生产要素，而并非通用的大类的生产要素，如劳动力、资本、土地等（马海燕和于孟雨，2018）。

4.2 产业升级测算理论基础

已有文献将产业升级分为产业结构高级化和产业结构合理化两个维度进行阐释。前者主要研究各产业之间的有机联系与耦合质量，更多的是侧重说明资源在各个产业之间的配置情况，它既可以反映产业之间的协调程度，也能够反映资源的有效利用程度。而后者则是探索使产业结构由低水平向高水平发展的途径，代表了经济服务化的发展方向。

4.2.1 产业结构高级化理论

产业结构高级化主要是指产业结构从低水平状态向高水平状态的发展，是一个动态的过程。高级化是 1955 年后日本为赶超英国、美国等发达国家提出的产业政策之一。刘易斯、费景汉等从研究初始条件及经济制度相似的一组国家来探索经济结构变化如何高级化的进程。钱纳里、塞尔奎因根据大量数据设计出一个国民生产总值的市场占有率模型，用回归方程对样本国家数据进行计算，得出以产业结构、劳动力和劳动生产率为指标的"标准结构"，这些"标准"常被用来衡量某些特定国家的产业结构发展水平。产业结构高级化主要包括以下三种含义：一是指一个国家或地区的主导产业由最初的第一产业逐渐演变为第二产业，最后变成第三产业的过程。二是指一个国家或地区的主导产业由附加值较低的低端产业逐步演变为附加值较高的高端产业，也就是说主导产业由生产初级产品向生产中间产品的产业演变，最后演变为生产最终产品的产业。三是指一个国家或地区的产业最初主要是劳动密集型产业，经过不断的发展演变为资本密集型的产业，最终向更高级的技术密集型和知识密集型的产业依次发展（高远东等，2015；付凌晖，2010）。

4.2.2　产业结构合理化理论

产业结构合理化是指不断调整相关联产业间的协调比例和市场供需结构以达到各种资源合理配置、提高产业效率的目的。合理化程度主要从以下几个方面来表现：第一是国家或地区内的第一产业、第二产业和第三产业所占的比重及其比例关系是否合理、是否协调，各种资源是否能达到帕累托最优状态。第二是一个国家或地区内的生产要素等在第一产业、第二产业和第三产业之间是否实现了合理的配置，产业结构是否适应资源供给的变化，三次产业之间既是相互服务的关系，同时也是相互促进的关系。第三是产业结构是否适应市场需求的变化；其中产业间比例是否协调是产业结构合理化的核心（陈静和叶文振，2003）。

近年来，随着经济态势的转变，国内外学者对产业结构优化的研究热度持续上升，并以产业结构高度化、合理化来衡量升级水平，但研究主要涉及宏观产业结构的分析，对细分产业的研究较为缺少，对战略性矿产资源产业的研究也较为缺乏，研究的产业升级方向主要是从第一向第二、第三级产业升级过渡。战略性矿产资源产业作为特殊行业，结合了传统产业与现代产业的特点，其产业结构有着自身的特殊性，相较于其他产业更注重产品附加值的提升，随着社会各界对环境保护的重视，战略性矿产资源产业的环保程度的变化也值得研讨。

4.3 战略性矿产资源产业升级测算模型

据前文所述，产业转型升级可从产业结构的高度化和合理优化来解释，即由传统的低层次、低附加值、高污染产业向现代高层次、高附加值、低污染产业转变，结合战略性矿产资源特征，本章从理论上构建我国战略性矿产资源产业升级的相关测算模型。具体内容包括三个方面：一是产业升级方向模块，运用产业结构超前系数测算产业升级方向，进而用来测定某一矿产资源产业结构增长相对于整个行业系统增长趋势的超前程度。二是产业升级速率模块，采用 Moore 值来衡量矿业产业升级的速率，进而揭示产业结构变化的过程。三是产业升级程度模块，构造基于劳动生产率的产业升级指标，用来测算产业结构高度化值，进而衡量产业升级程度。

4.3.1 升级方向测算模型

根据配第—克拉克产业结构优化理论，产业结构应遵循"一二三"到"二三一"再到"三二一"的演变规律。产业结构超前系数是衡量某一产业结构变化与整体经济变化相对比的超前程度（马洪福和赫寿义，2017）。本书利用产业结构超前系数测算有色金属产业升级方向，计算公式为：

$$E_i = \alpha_i + (\alpha_i - 1)/R_t \tag{4-3}$$

$$R_t = [\ln(报告期规模以上主营业务收入) - \ln(基期规模以上主营业务收入)]/n \tag{4-4}$$

其中，i 分别为金属采选业、冶炼及压延加工业，α_i 分别为金属采选业、冶炼及压延加工业占产业主营业务收入比重，E_i 分别为金属采选业、冶炼及压延加工业的产业结构超前系数，R_t 为同期行业主营业务收入平均增长率。

若 $E_i > 1$，意味着第 i 产业超前发展，所占份额将呈上升趋势；若 $E_i < 1$，则意味着第 i 产业发展相对滞后，所占份额将呈下降趋势。

4.3.2 升级速率测算模型

（1）Moore 结构变化值。

Moore 结构模型是测算产业结构调整的一个较为典型的方法。Moore结构模型能够较为细致、灵敏地揭示产业结构变化的过程和程度（刘志彪和安同良，2002）。Moore 结构模型测算产业结构调整的原理如图 4 - 3所示。

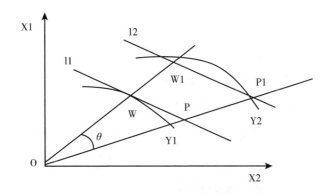

图 4 - 3 Moore 结构模型原理

图 4 - 3 中，X1 和 X2 是两种产业，Y1 和 Y2 分别为基期和报告期的产业组织方式，W 为基期的产业结构，P1 为报告期的产出结构，l1 为 Y1在 W 点的切线，l2 为斜率与 l1 相同并经过 P1 的直线，P、W1 分别为 l1、l2 与直线 OP、OW 的交点。基期产出 W 与报告期产出 P1 之间的变化可以用向量 WP1 来表示，而向量 WP1 可以分解为 WW1 向量和 W1P1 向量。

由于 l1 与 l2 平行，且 WW1 垂直于 l1，所以 WW1 向量为基期和 W1P1 向量。由于 l1 与 l2 平行，且 WW1 垂直于 l1，所以 WW1 向量为基期与报告期产出变化的总量增长部分，即 OW1/OW 为产出增长率，显然，OW1/OW 等于 OP1/OP，这表明对 X1 与 X2 其总量上产出增长率是一致的。而在同样产出增长率的情况下，基期和报告期产出的变化就来源于报告期产出结构的调整，亦即 X1 与 X2 两种商品的构成变化，在图中用 W1P1 向量来表示这种结构上的变化，而在空间几何中可以用 θ 来衡量 W1P1 向量，θ 定义为基期和报告期向量的矢量角，也就是产业结构变化值。

Moore 结构变化值是将产业分为 n 个部门，构成一组 n 维向量，把两个时期两组向量间的夹角作为表征产业结构变化程度的指标，该指标称为 Moore 结构变化值。根据上述 Moore 结构变化值法的一般设定，本书此处对 Moore 模型进行产业层次结构变动值的改造。具体计算公式为：

$$M_t^+ = \sum_{i=1}^{n} W_{i,t} W_{i,t+1} \Big/ \Big(\sum_{i=1}^{n} W_{i,t}^2 \Big)^{1/2} \Big(\sum_{i=1}^{n} W_{i,t+1}^2 \Big)^{1/2} \qquad (4-5)$$

其中，M_t^+ 表示 Moore 结构变化值，$W_{i,t}$ 表示 t 期第 i 产业主营业务收入所占比重，$W_{i,t+1}$ 表示 t+1 期第 i 产业所占比重。

定义向量（产业份额）之间变化的总夹角为 θ，于是有：

$$\cos\theta = M_t^+, \theta = \arccos M_t^+ \qquad (4-6)$$

θ 越大，表明产业升级变化的速率也越大。

（2）产业结构年均变动值。

基于式（4-6）引入产业结构年均变动值显示升级速率的波动幅度，计算公式为：

$$K = \Big[\sum_{i=1}^{m} (|q_{it} - q_{i0}|) \Big] / n \qquad (4-7)$$

其中，K 为产业升级年均变动值，q_{i0} 为基期产业 i 的主营业务收入构成比例，q_{it} 为报告期产业 i 的主营业务收入构成比例，m 为产业数量，n 为测算期 1986～2018 年。

K 值越大，表明产业升级速率越快；K 值越小，则相反。

4.3.3 升级程度测算模型

产业结构高度表面上是不同产业的份额和比例关系的一种度量，若仅是一种份额和比例关系的度量，则有可能在一定时期发生"虚高度"即通过有悖经济成长逻辑的方式超越经济发展的客观约束，以严重损害资源配置效率为代价，提升所谓产业结构高度，因此产业结构高度的度量本质上必须同时是一种劳动生产率的衡量（刘伟等，2008）。本书考虑劳动生产率这一思想测算产业升级的高度值，利用该指标衡量产业升级程度，测算公式为：

$$H_t = \sum_{i=1}^{2} q_{it} \times LP_{it} \qquad (4-8)$$

其中，H_t 为第 t 年金属采选业、冶炼及压延加工业的产业升级高度值，该数值越大，表示升级程度越高；q_{it} 为采选业、冶炼及压延加工业占金属产业主营业务收入的比重；LP_{it} 为第 t 年金属采选业、冶炼及压延加工业的劳动生产率，计算公式为：

$$LP_{it} = \frac{V_{it}}{L_{it}} \qquad (4-9)$$

其中，V_{it} 为第 t 年有色金属采选业、冶炼及压延加工业的主营业务收入，L_{it} 为第 t 年有色金属采选业、冶炼及压延加工业的用工人数。

鉴于本书界定的战略性矿产资源产业范畴内的 24 个细分矿种多属于资本密集型矿种，矿种间的特征变化不明显，并且有些矿种的影响较小、数据不全。因此，后续几章选取有色金属（包括铜、铝、稀有稀土金属）、黑色金属，对其供给侧结构性改革前后产业升级效果进行测算，以期分析其改革成效。

4.4 本章小结

本章首先分析了产业升级的理论，包括产业的界定、产业升级的内涵、外延，产业升级影响因素，基于产业升级的两个维度：产业结构高级化和产业结构合理化，结合战略性矿产资源的特征，从理论上构建我国战略性矿产资源产业升级的相关测算模型。

第 5 章

我国有色金属产业整体升级
效果测算

有色金属产业是重要的战略及基础原材料产业。目前，有色金属产业取得了辉煌成就，在国民经济建设中发挥着重要作用。然而，当前有色金属产业也面临各项发展瓶颈和挑战，尤其以产业结构问题较为突出，如产能过剩、结构性供求失衡等。因此，作为基础性的有色金属矿产资源产业升级研究对我国经济健康发展具有重要现实意义。作为战略性与基础原材料的有色金属产业，在深化改革开放40多年来已取得长足发展，但产业升级效果如何，尤其在供给侧结构性改革前后的升级效果如何，值得关注。为更好理解1986年"七五"计划以来中国有色金属产业结构的升级过程及效果，本书在梳理已有文献基础上，参考郭朝先（2018）的提法，将中国有色金属产业发展历程划分为第一阶段：产量追赶（1986～2001年）、第二阶段：规模快速扩张（2002～2011年）、第三阶段：转型发展（2012～2015年）和第四阶段：高质量发展（2016～2019年），运用第4章提到的产业结构超前系数、Moore结构变化值、产业结构年均变动值以及产业升级高度值构建了反映有色金属产业升级方向、速率和程度的测算模型，并对四个阶段尤其第三、第四阶段供给侧结构性改革前后的升级效果进行了对比分析。

5.1 关于有色金属产业相关研究

国外对有色金属产业结构的研究侧重于产业整合与结构升级，总体来看，基于企业微观视角的研究成果多，基于中观和宏观视角的研究成果少。产业整合聚焦于企业并购，包括产业整合的内涵研究（Tommelein，1999；Kaplinsky，2001）、对策研究（Tommelein & Iris D.，1998；Sinding，2009）。产业升级方面，（Myers，1984；Miller，1998）围绕企业技术、产品创新等问题进行研究，得出有色金属产业核心竞争力提升的路径。国内学者聚焦于有色金属产业链研究，尤其定性研究与综合评价行业发展效率的成果较多。如学者王克岭（2009）分析云南有色金属各主要细分产业中龙头企业的产业链现状、发展趋势及存在问题。如郑明贵和谢英亮（2012）利用 DEA 模型评价中国有色金属工业总体经济效益；屠年松、谢冉和王欣（2020）基于网络 DEA 模型和 Malmquist 指数相结合的研究方法，测算了有色金属冶炼过程的整体及分阶段转型效率和全要素生产率（MPI）变化情况，对中国有色金属产业链转型效率进行研究。屈秋实和王礼茂等（2021）对有色金属不同生产环节和不同区域的碳减排潜力进行量化评估，分析了中国有色金属产业链碳排放及碳减排潜力省际差异。关于有色金属产业升级效果测度的文献鲜有见到，仅有少量学者基于动态偏离份额模型，选用就业人数分析产业结构（王朗和沙景华，2013）；袁小锋、桂卫华和陈晓方等（2018）通过人工智能信息化建设分析产业升级。刘贻玲和郑明贵（2022）基于 2002～2019 年我国 26 个省份有色金属产业数据，运用产业结构超前系数、Moore 结构变化值、产业升级高度值构建反映有色金属产业转型升级方向、速率和程度的测算模型，并采用面板 OLS 方法实证分析其影响因素。

5.2 有色金属产业基本数据统计分析

5.2.1 有色金属产业主营业务收入统计分析

通过数据整理得到有色金属采选业、冶炼及压延加工业的主营业务收入及其占产业比重，并分别计算各阶段的平均增长率（见表5-1）。

表5-1 1986~2019年有色金属产业主营业务收入分阶段统计

产业类型	指标	1986~2001年	2002~2011年	2012~2015年	2016~2019年
采选业	平均值（亿元）	209.61	1619.57	6095.07	4440.11
	占产业比重平均值(%)	17.84	11.81	11.31	7.67
	平均增长率（%）	16.75	28.86	6.05	-23.86
冶炼及压延加工业	平均值（亿元）	965.04	12090.99	47784.68	53417.11
	占产业比重平均值(%)	82.16	88.19	88.69	92.33
	平均增长率（%）	18.48	32.2	8.64	1.66
有色金属产业	平均值（亿元）	1174.65	13710.56	53879.75	57857.23
	平均增长率（%）	18.2	31.76	8.35	-0.51

资料来源：1986~2019年《中国统计年鉴》《中国工业统计年鉴》。

由表5-1可知：（1）采选业。主营业务收入平均值在前三个阶段均持续增加，第四阶段出现下降；主营业务收入占产业比重逐年下降；主营业务收入平均增长率在第二阶段有较大幅度增长，第三阶段降幅明显，供给侧结构性改革后由正转负，可见前端产能得到了有效控制，改革较显著。（2）冶炼及压延加工业。主营业务收入平均值四个阶段均持续上升；主营业务收入占产业比重在各阶段逐步增加，产业升级朝着供给侧结构性改革目标方向发展；主营业务收入平均增长率前两个阶段增长快，后两个阶段增长慢，可见后端调整基本到位，转向高质量方向发展。（3）总体来看，有色金属产业主营业务收入平均值整体呈现快速增长趋势；主营业务收入平均增长率第二阶段有较大幅度增长，第三、第四阶段均有所下滑，尤其供给侧结构性改革后下降明显。

5.2.2 有色金属产业用工人数统计分析

有色金属采选业、冶炼及压延加工业的用工人数统计情况如表 5－2 所示。

表 5－2   1986～2019 年有色金属产业用工人数分阶段统计

产业类型	指标	1986～2001 年	2002～2011 年	2012～2015 年	2016～2018 年
采选业	平均值（万人）	65.98	42.53	52.93	36.76
	阶段平均增长率(%)	0	－35.54	24.45	－30.55
冶炼及压延加工业	平均值（万人）	105.83	130.28	200.16	187.44
	阶段平均增长率(%)	0	23.10	53.64	－6.35
有色金属产业	平均值（万人）	171.81	197.4	253.09	224.20
	阶段平均增长率(%)	0	14.89	28.21	－11.41

资料来源：1986～2019 年《中国统计年鉴》《中国工业统计年鉴》。

由表 5－2 可知：（1）采选业。用工人数平均值在第一阶段最高，第四阶段最低；用工人数平均增长率第一至第二阶段上升，第三阶段开始负增长，且供给侧结构性改革后下降明显。（2）冶炼及压延加工业。用工人数平均值前三个阶段持续增加，第四阶段出现下降；用工人数平均增长率随有色金属产业规模扩张而增加，即第一至第二阶段上升，第三、第四阶段持续下降，且第四阶段负增长。（3）总体来看，有色金属产业用工人数平均值前三个阶段增加，第四阶段有所下降；采选业平均增长率在各阶段均比冶炼及压延加工业下降更快，且第四阶段的平均增长率明显下滑，说明第四阶段着力推进供给侧结构性改革，由重视数量增长和规模扩张转变为更加重视质量提高和效益提升。

5.2.3 有色金属产业劳动生产率统计分析

利用第 4 章式（4－9）计算得到四个阶段的劳动生产率，如表 5－3

和表 5 - 4 所示。

表 5 - 3 　　　　1986～2019 年有色金属采选业劳动生产率分阶段统计

指标	1986 年	1987 年	1988 年	1989 年	1990 年	1991 年	1992 年	1993 年	1994 年	1995 年	1996 年	1997 年
劳动生产率（万元/人）	0.71	0.85	1.06	1.26	1.36	1.42	1.66	2.43	3.12	3.82	4.12	4.85
指标	1998 年	1999 年	2000 年	2001 年	2002 年	2003 年	2004 年	2005 年	2006 年	2007 年	2008 年	2009 年
劳动生产率（万元/人）	5.57	6.24	7.72	8.65	9.98	13.3	18.68	26.75	37.85	40.63	50.55	57.13
指标	2010 年	2011 年	2012 年	2013 年	2014 年	2015 年	2016 年	2017 年	2018 年	2019 年		
劳动生产率（万元/人）	69.24	92.35	107.49	111.92	116.91	124.95	138.91	128.86	110.99	93.75		
指标	1986～2001 年			2002～2011 年			2012～2015 年			2016～2019 年		
平均值（万元/人）	3.43			41.65			115.32			118.13		

资料来源：1986～2019 年《中国统计年鉴》《中国工业统计年鉴》。

　　由表 5 - 3 可知：有色金属采选业四个阶段劳动生产率平均值持续增加，且第二阶段劳动生产率平均值较第一阶段增加了 11.14 倍，第三阶段较第二阶段增加了 1.77 倍，转型发展期增幅放缓，第四阶段较第三阶段增加了 0.02 倍，可见有色金属采选业劳动生产率增长趋于迟缓。

表 5 - 4 　　　　1986～2019 年有色金属冶炼及压延加工业劳动生产率分阶段统计

指标	1986 年	1987 年	1988 年	1989 年	1990 年	1991 年	1992 年	1993 年	1994 年	1995 年	1996 年	1997 年
劳动生产率万元/人	2.22	2.42	2.93	3.45	3.40	4.12	5.06	6.58	7.81	10.63	10.14	11.34
指标	1998 年	1999 年	2000 年	2001 年	2002 年	2003 年	2004 年	2005 年	2006 年	2007 年	2008 年	2009 年
劳动生产率万元/人	13.67	16.04	19.75	20.68	24.89	33.16	46.50	60.01	93.90	114.65	111.60	118.22
指标	2010 年	2011 年	2012 年	2013 年	2014 年	2015 年	2016 年	2017 年	2018 年	2019 年		
劳动生产率万元/人	152.28	191.41	223.80	230.31	245.60	253.77	273.19	248.72	310.44	320.01		
指标	1986～2001 年			2002～2011 年			2012～2015 年			2016～2019 年		
平均值万元/人	8.77			94.66			238.37			288.09		

资料来源：1986～2019 年《中国统计年鉴》《中国工业统计年鉴》。

由表 5 – 4 可知：有色金属冶炼及压延加工业四个阶段劳动生产率平均值呈快速上升趋势。第一阶段平均值较第二阶段增加了 9.79 倍，第三阶段较第二阶段增加了 1.52 倍，第四阶段较第三阶段增加了 0.21 倍，有色金属冶炼及压延加工业劳动生产率增长也达到一定高度并趋于稳定。

5.3 有色金属产业升级测算与分析

5.3.1 有色金属产业升级方向测算与分析

利用式（4 – 3）、式（4 – 4）测算得到四个阶段的产业结构超前系数，如表 5 – 5 所示。

表 5 – 5　　　　1986 ~ 2019 年有色金属产业结构超前系数

产业类型	$T_1 = 1986 \sim$ 2001 年 超前系数	$T_2 = 2002 \sim$ 2011 年 超前系数	$T_3 = 2012 \sim$ 2015 年 超前系数	$T_4 = 2016 \sim$ 2019 年 超前系数	$T_{all} = 1986 \sim$ 2019 年 超前系数
采选业	1.0596	0.5642	0.1937	– 0.2806	0.6544
冶炼及压延加工业	0.9870	1.0952	1.1762	1.2898	1.0767

由表 5 – 5 可知：（1）采选业。四个阶段产业结构超前系数持续下降，尤其供给侧结构性改革后超前系数为负数，显示采选业份额正在逐步降低，表明有色金属产业前端过度发展得到了有效抑制，改革取得积极效果。（2）冶炼及压延加工业。超前系数在第一阶段趋向于 1，第二、第三、第四阶段均大于 1，表明有色金属产业后端超前发展，所占份额呈上升趋势。

总体来看，第一阶段采选业产业结构超前系数略高于冶炼及压延加工业，即前端略高于后端；后三个阶段，冶炼及压延加工业超前系数远大于采选业，显示有色金属产业总体由前端转向后端方向升级。

5.3.2 有色金属产业升级速率测算与分析

根据式（4-5）、式（4-6）测算四个阶段有色金属采选业、冶炼及压延加工业之间 Moore 结构变化值，并计算向量夹角值 θ 和向量夹角年均变化值。根据式（4-7）计算出各阶段的产业结构年均变动值。计算结果如图 5-1 和图 5-2 所示。

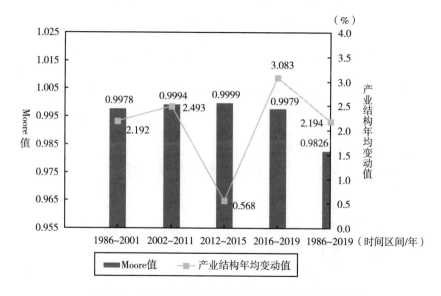

图 5-1 1986～2019 年有色金属产业结构变化速率

由图 5-1 和图 5-2 可知：（1）有色金属产业在四个阶段 Moore 结构变化值均趋向于 1，四个阶段差别不大，因此需要结合向量夹角值 θ 进一步分析。（2）有色金属产业在前三个阶段 θ 值呈现下降趋势，升级速率趋缓，第四阶段 θ 值明显增加，说明升级速率有了较大提升。从向量夹角年均变化值来看，前三个阶段维持在 0.4 左右，改革步伐比较稳定，第四阶段增速较快增至 1.605，可见供给侧结构性改革取得明显效果。（3）从有色金属产业结构年均变动值来看，第一、第二阶段维持在 2.3% 左右，第三阶段转

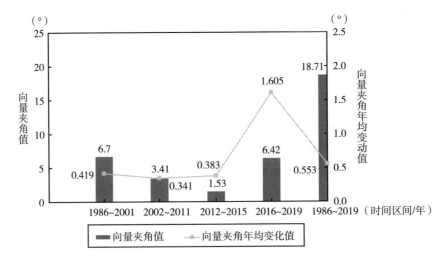

图 5 - 2　1986～2019 年有色金属产业结构变化速率

型发展大幅降至 0.568%，第四阶段产业结构年均变动值提升到 3.083%，供给侧结构性改革后有了新的提升，甚至超过第一、第二阶段的水平。

5.3.3　有色金属产业升级程度测算与分析

依据式（4-8）、式（4-9），测算 1986～2019 年有色金属产业升级高度平均值，如图 5-3 所示。

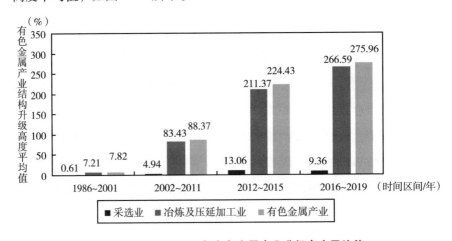

图 5 - 3　1986～2019 年有色金属产业升级高度平均值

由图 5-3 可知：（1）采选业。升级高度平均值在前三个阶段呈持续上升，第四阶段略有降低，反映有色金属产业前端正在动态调整。（2）冶炼及压延加工业。产业升级高度平均值在四个阶段呈持续增长趋势，反映有色金属产业后端升级程度明显上升，并朝着更高层次发展。（3）总体来看，有色金属产业升级高度值持续上升，升级程度由低级阶段向高级阶段演变，正朝着供给侧结构性改革目标方向发展。

5.4 结论与启示

本章对中国有色金属产业升级进行研究，基于中国有色金属产业1986~2019 年数据，将有色金属产业升级演进分为四个阶段：产量追赶阶段（1986~2001 年）、规模快速扩张阶段（2002~2011 年）、转型发展阶段（2012~2015 年）和高质量发展阶段（2016~2019 年），并构建了反映有色金属前后端产业升级方向、速率和程度的测算模型，观测四个阶段产业升级演进情况，对比了供给侧结构性改革前后的升级效果，得出以下结论：（1）供给侧结构性改革后有色金属采选业的过度发展得到了有效抑制，有色金属产业总体由低附加值向高附加值方向升级。（2）30 年来有色金属产业升级总体上处于优化提升的过程，供给侧结构性改革效果显著。（3）有色金属采选业前端正在改革调整，冶炼及压延加工业后端升级程度急速上升，并朝着更高层次发展。

2015 年 11 月中央提出要加强供给侧结构性改革，着力提高供给体系的质量和效率，促进产业结构的转化升级。深化改革开放 40 多年来，尤其是供给侧结构性改革后，有色金属产业的升级方向、速率和程度均有了显著提升，但离供给侧结构性改革目标还有较大差距。通过分析，结合中国有色金属产业升级实际情况，提出如下研究启示：（1）从产业升级方向来看。需强化市场去产能机制，采取有效措施加快冶炼及压延加工业转型升级，这对于后端应用意义重大。（2）从产业升级速率来看。坚持以需求为导向，加快推进产能置换和淘汰落后产能，提高劳动生产率，提升加工企业快速、低成本满足用户需求的能力；加大急缺矿种海外资源开发力度，为国内供给侧结构性改革提供更加充裕的时间。（3）从产业升级程度来看。加强科技创新，提高精深加工水平，提高产品质量、科技含量；注重工艺转向智能化、柔性化、精细化及绿色化。

5.5 本章小结

本章运用产业结构超前系数、Moore 结构变化值、产业结构年均变动值和产业升级高度值测算了产量追赶阶段（1986~2001 年）、规模快速扩张阶段（2002~2011 年）、转型发展阶段（2012~2015 年）和高质量发展阶段（2016~2019 年）四个阶段有色金属产业升级演进情况。

研究表明：（1）采选业超前系数在各个阶段逐步降低，冶炼及压延加工业超前系数逐步上升。（2）有色金属产业在各个阶段的 Moore 值均接近于 1；向量夹角值在前三个阶段呈现下降趋势，升级速度趋缓，第四阶段明显增加；向量夹角年均变化值前三个阶段比较稳定，第四阶段增速较快，远高于前三个阶段；产业结构年均变动值前两个阶段较稳定，第三阶段转型发展增速缓慢，第四阶段供给侧结构性改革后有了新提升并维持在一定的水平。（3）采选业升级高度值在各个阶段有增减变化，在动态调整；冶炼及压延加工业升级高度值保持持续增长趋势，有色金属产业后端升级效果更为显著。

第 6 章

我国铜产业升级效果测算

2008 年中国成为全球最大的精炼铜生产国，但铜产业结构仍存在不平衡、产业链各环节产能不协调等问题（吴尚昆等，2011）。发展下游高附加值产品即产业升级成为铜产业发展的必然趋势。在全球化背景下，产业升级不再是简单地由劳动密集型产业向资本密集型、技术密集型产业的升级转换，还包括同一产业及关联产业内的链合升级，即产业链升级，是产业升级的重要途径（王伟，2017）。对于产业链上下游之间主要以资源产品投入、产出为联系的铜产业而言，产业链升级效果如何，尤其供给侧结构性改革前后升级效果如何，值得关注。

6.1 关于铜产业相关研究

学者弗希尔（Fisher，1972）等建立了世界铜产业经济的计量经济学模型，成为早期铜产业研究的代表。随后各国学者纷纷展开研究，主要聚焦于铜产业发展影响因素、发展前景、可持续发展等方面（Shao Y. M.，2011；Tole L.，2013；Mudd G. M.，2013；Li C. et al.，2013）。国内学者聚焦于铜产业发展现状及趋势研究（王克岭，姚建文，蒋绍平，

2009；柳群义，2019；孙传尧等，2019；吴熙群等，2019），也有学者针对铜产业链的划分进行研究（计启迪等，2021）。有学者构建了铜产业绿色转型的系统动力学仿真模型（陈芳和张坤，2020）。目前仅有王伟（2017）针对铜产业链结构升级问题进行研究。

 ## 6.2 铜产业基本数据统计分析

本章以 2012～2015 年为供给侧结构性改革前，2016～2019 年为供给侧结构性改革后。

6.2.1 铜产业主营业务收入统计分析

2012～2019 年铜的采选业、冶炼业和压延加工业的主营业务收入、比重，以及各阶段的平均增长率如表 6-1 所示。

表 6-1 2012～2019 年铜产业主营业务收入统计分析

产业类型	指标	供给侧结构性改革前 (2012～2015 年)				供给侧结构性改革后 (2016～2019 年)			
		2012 年	2013 年	2014 年	2015 年	2016 年	2017 年	2018 年	2019 年
采选业	主营业务收入（亿元）	680.62	736.21	724.95	657.21	680.53	601.53	522.53	443.53
	占产业比重（%）	4.18	4.04	3.74	3.49	3.61	3.12	2.66	2.21
	平均增长率（%）	2.76				-9.36			
冶炼业	主营业务收入（亿元）	7279.82	7807.13	8401.90	8269.22	8322.69	8568.72	8814.74	9060.77
	占产业比重（%）	44.76	42.81	43.33	43.86	44.12	44.49	44.85	45.19
	平均增长率（%）	8.91				2.31			
压延加工业	主营业务收入（亿元）	8304.95	9692.75	10262.50	9925.18	9862.56	10090.32	10318.08	10545.84
	占产业比重（%）	51.06	53.15	52.93	52.65	52.28	52.39	52.50	52.60
	平均增长率（%）	4.57				1.53			

续表

产业类型	指标	供给侧结构性改革前 (2012~2015年)				供给侧结构性改革后 (2016~2019年)			
		2012年	2013年	2014年	2015年	2016年	2017年	2018年	2019年
铜产业	主营业务收入总额(亿元)	16265.39	18236.09	19389.35	18851.61	18865.78	19260.57	19655.35	20050.14
	平均增长率（%）	6.43				1.89			

资料来源：2012~2020年《中国统计年鉴》《中国工业统计年鉴》及中商产业研究院数据库。

由表6-1可知：（1）采选业。主营业务收入占产业比重逐年下降；主营业务收入平均增长率在供给侧结构性改革前为2.76%，而在供给侧结构性改革后为-9.36%，说明上游产能得到了有效控制，改革效果显著。（2）冶炼业。主营业务收入占产业比重基本逐年上升，产业升级朝着改革目标方向发展；主营业务收入在供给侧结构性改革前的平均增长率为8.91%，而在供给侧结构性改革后为2.31%，供给侧结构性改革后下降明显，说明中游改革效果不理想。（3）压延加工业。主营业务收入占产业比重基本逐年下降；主营业务收入在供给侧结构性改革前的平均增长率为4.57%，而在供给侧结构性改革后为1.53%，供给侧结构性改革后呈现下降趋势，说明下游需要加大改革力度。（4）总体来看，铜产业供给侧结构性改革后主营业务收入的平均增长率比改革前有明显下滑。由此可知，整个铜产业供给侧结构性改革力度需要进一步加大。

6.2.2 铜产业用工人数统计分析

铜矿采选业、冶炼业和压延加工业的平均用工人数统计情况如表6-2所示。

表6-2　　　　　　　　2012~2019年铜产业平均用工人数

产业类型	指标	供给侧结构性改革前 (2012~2015年)				供给侧结构性改革后 (2016~2019年)			
		2012年	2013年	2014年	2015年	2016年	2017年	2018年	2019年
采选业	年平均用工人数(万人)	8.69	9.64	9.11	7.98	7.20	6.63	6.07	5.50
	平均增长率（%）	-1.07				-8.88			

续表

产业类型	指标	供给侧结构性改革前（2012~2015年）				供给侧结构性改革后（2016~2019年）			
		2012年	2013年	2014年	2015年	2016年	2017年	2018年	2019年
冶炼业	年平均用工人数（万人）	17.26	17.01	17.78	16.20	13.12	12.81	12.51	12.20
	平均增长率（%）	-0.11				-6.84			
压延加工业	年平均用工人数（万人）	19.86	20.21	21.17	19.95	18.71	17.40	16.09	14.78
	平均增长率（%）	1.52				-7.22			

资料来源：2012~2020年《中国统计年鉴》《中国工业统计年鉴》及中商产业研究院数据库。

　　由表6-2可知：（1）采选业。用工人数在供给侧结构性改革前的平均增长率为-1.07%，而在供给侧结构性改革后为-8.88%，供给侧结构性改革后下降明显。（2）冶炼业。用工人数在供给侧结构性改革前的平均增长率为-0.11%，而在供给侧结构性改革后为-6.84%，同样供给侧结构性改革后下降明显。（3）压延加工业。用工人数在供给侧结构性改革前的平均增长率为1.52%，而在供给侧结构性改革后为-7.22%，由正转负，供给侧结构性改革后明显下滑。（4）总体来看，采选业、冶炼业及压延加工业各环节用工人数平均增长率明显下滑，说明铜产业供给侧结构性改革效果明显，由重视数量增长和规模扩张转变为更加重视质量提高和效益提升。

6.2.3　铜产业劳动生产率统计分析

　　铜矿采选业、冶炼业和压延加工业的劳动生产率情况如表6-3所示。

表6-3　　　　　　　　　　2012~2019年铜产业劳动生产率

产业类型	指标	供给侧结构性改革前（2012~2015年）				供给侧结构性改革后（2016~2019年）			
		2012年	2013年	2014年	2015年	2016年	2017年	2018年	2019年
采选业	劳动生产率（万元/人）	78.32	76.37	79.58	82.36	94.52	90.73	86.08	80.64
	平均值（万元/人）	79.16				87.99			

续表

产业类型	指标	供给侧结构性改革前 （2012～2015 年）				供给侧结构性改革后 （2016～2019 年）			
		2012 年	2013 年	2014 年	2015 年	2016 年	2017 年	2018 年	2019 年
冶炼业	劳动生产率 （万元/人）	421.77	458.97	472.55	510.45	634.35	668.91	704.62	742.69
	平均值 （万元/人）	465.94				687.64			
压延加工业	劳动生产率 （万元/人）	418.17	479.61	484.77	497.50	527.13	579.90	641.27	713.52
	平均值 （万元/人）	470.01				615.46			

资料来源：2012～2020 年《中国统计年鉴》《中国工业统计年鉴》及中商产业研究院数据库。

由表 6 - 3 可知，铜矿采选业的劳动生产率由供给侧结构性改革前的 79.16 万元/人上升至改革后的 87.99 万元/人，冶炼业由 465.94 万元/人上升为 687.64 万元/人，压延加工业由 470.01 万元/人上升为 615.46 万元/人。说明铜产业劳动生产率得到快速提高，尤其中、下游改革效果更显著，上游还需加大改革力度。

6.3 铜产业升级测算与分析

6.3.1 铜产业升级方向测算与分析

根据第 4 章式（4 - 3）、式（4 - 4）计算铜产业供给侧结构性改革前后的结构超前系数，反映产业升级方向，结果如表 6 - 4 所示。

表 6 - 4   2012～2019 年铜产业超前系数

产业类型	$T_1 = 2012～2015$ 年超前系数			$T_2 = 2016～2019$ 年超前系数			$Tall = 2012～2019$ 年超前系数		
	采选业	冶炼业	压延加工业	采选业	冶炼业	压延加工业	采选业	冶炼业	压延加工业
铜产业	0.9654	1.0270	0.9848	0.8896	1.0280	0.9997	0.9275	1.0175	0.9923

由表 6 - 4 可知，铜上游采选业的超前系数在供给侧结构性改革前为 0.9654，而在供给侧结构性改革后为 0.8896，且 2012～2019 年超前系数为 0.9275，表明上游过度发展得到了有效抑制，改革取得积极效果。中游冶炼业的超前系数在供给侧结构性改革前后均大于 1，在供给侧结构性改革前为 1.0270，而在供给侧结构性改革后为 1.0280，且 2012～2019 年的超前系数为 1.0175，表明中游超前发展，所占份额呈上升趋势，改革效果显著。下游压延加工业的超前系数在供给侧结构性改革前后均趋向于 1，在供给侧结构性改革前为 0.9848，而在供给侧结构性改革后为 0.9997，且 2012～2019 年的超前系数为 0.9923，表明铜业下游有发展，但发展相对滞后，需要加大改革力度。

6.3.2 铜产业升级速率测算与分析

根据第 4 章式（4 - 5）、式（4 - 6）计算出 2012～2015 年、2016～2019 年铜采选业、冶炼业及压延加工业之间 Moore 结构变化值，并对比供给侧结构性改革前后的变化，计算过程如表 6 - 5 至表 6 - 7 所示。

表 6 - 5   供给侧结构性改革前（2012～2015 年）铜产业 M_t^+ 测算结果

产业类型		$t = 2012$ 年		$t + 1 = 2015$ 年		$2012～2015$ 年
		$W_{i,t}$	$W_{i,t}^2$	$W_{i,t+1}$	$W_{i,t+1}^2$	$W_{i,t} \times W_{i,t+1}$
铜产业	采选业	0.0418	0.0018	0.0349	0.0012	0.0015
	冶炼业	0.4476	0.2003	0.4386	0.1924	0.1963
	压延加工业	0.5106	0.2607	0.5265	0.2772	0.2688
	合计	1	0.4628	1	0.4708	0.4666
测算结果		$M_t^+ = 0.9996$　$\mathrm{arc}M_t^+ = 0.0272$　$\theta_{2012～2015} = 2.72°$				

表6-6　　　　供给侧结构性改革后（2016～2019年）铜产业 M_t^+ 测算结果

产业类型		$t = 2016$ 年		$t + 1 = 2019$ 年		2016～2019 年
		$W_{i,t}$	$W_{i,t}^2$	$W_{i,t+1}$	$W_{i,t+1}^2$	$W_{i,t} \times W_{i,t+1}$
铜产业	采选业	0.0361	0.0013	0.0221	0.0005	0.0008
	冶炼业	0.4412	0.1946	0.4519	0.2042	0.1994
	压延加工业	0.5228	0.2733	0.5260	0.2766	0.2750
	合计	1	0.4692	1	0.4814	0.4751
测算结果		$M_t^+ = 0.9997$ arc$M_t^+ = 0.0226$ $\theta_{2016\sim2019} = 2.26°$				

表6-7　　　　供给侧结构性改革前后（2012～2019年）铜产业 M_t^+ 测算结果

产业类型		$t = 2012$ 年		$t + 1 = 2019$ 年		2012～2019 年
		$W_{i,t}$	$W_{i,t}^2$	$W_{i,t+1}$	$W_{i,t+1}^2$	$W_{i,t} \times W_{i,t+1}$
铜产业	采选业	0.0418	0.0018	0.0221	0.0005	0.0009
	冶炼业	0.4476	0.2003	0.4519	0.2042	0.2023
	压延加工业	0.5106	0.2607	0.5260	0.2766	0.2686
	合计	1	0.4628	1	0.4809	0.4708
测算结果		$M_t^+ = 0.9981$ arc$M_t^+ = 0.0623$ $\theta_{2012\sim2019} = 6.23°$				

从表6-5至表6-7可知，铜产业 Moore 结构变化值均趋向于1，在供给侧结构性改革前为0.9996，在供给侧结构性改革后为0.9997，在供给侧结构性改革前后为0.9981。铜产业矢量夹角值呈现下降趋势，在供给侧结构性改革前为2.72°，在供给侧结构性改革后为2.26°，在供给侧结构性改革前后为6.23°。由此，供给侧结构性改革后铜产业升级仍然比较缓慢。

6.3.3　铜产业升级程度测算与分析

依据第4章式（4-8）、式（4-9），测算2012～2019年铜产业升级高度平均值，如表6-8所示。

表 6 - 8　　　　　　　2012～2019 年铜产业升级高度值

产业类型	指标	供给侧结构性改革前 （2012～2015 年）				供给侧结构性改革后 （2016～2019 年）			
		2012 年	2013 年	2014 年	2015 年	2016 年	2017 年	2018 年	2019 年
采选业	升级高度值（%）	3.28	3.08	2.98	2.87	3.41	2.83	2.29	1.78
	平均值（%）	3.05				2.58			
冶炼业	升级高度值（%）	188.77	196.49	204.77	223.91	279.85	297.59	315.99	335.62
	平均值（%）	203.48				307.26			
压延 加工业	升级高度值（%）	213.52	254.92	256.58	261.93	275.57	303.80	336.64	375.29
	平均值（%）	246.74				322.83			
铜产业	升级高度值（%）	405.56	454.49	464.32	488.71	558.82	604.22	654.92	712.70
	平均值（%）	453.27				632.67			

由表 6 - 8 可知：（1）采选业。产业升级高度值在供给侧结构性改革前的平均值为 3.05%，而在供给侧结构性改革后为 2.58%，供给侧结构性改革后略有降低，反映铜产业上游正在动态调整。（2）冶炼业。产业升级高度值在供给侧结构性改革前的平均值为 203.48%，而在供给侧结构性改革后为 307.26%，呈持续快速增长趋势，反映铜产业中游的冶炼业的升级程度明显加快，并向着更高层次发展。（3）压延加工业。产业升级高度值在供给侧结构性改革前的平均值为 246.74%，而在供给侧结构性改革后为 322.83%，也呈持续增长趋势。（4）总体来看，铜产业链不同环节的升级高度值均持续上升，升级程度由低级阶段向高级阶段演变，正朝着改革目标方向发展。

6.4 结论与启示

基于产业链视角研究产业升级，一直以来都是学术界关注的热点问题。本章利用 2012～2019 年数据测算了供给侧结构性改革前后铜产业链结构升级情况，针对铜上游采选业、中游冶炼业及下游压延加工业产业升级效果进行对比分析。

主要研究结论：（1）从产业升级方向看。供给侧结构性改革后相较改革前，上游超前系数下降且均小于1，意味着上游采选业供给侧结构性改革控制效果好。中游超前系数增加且均大于1，意味着冶炼业超前发展程度比较好。下游超前系数略有增加，基本趋于1，下游超前发展程度相对较好。（2）从产业升级速率看。供给侧结构性改革后相较改革前，铜产业矢量夹角值由2.72°下降到2.26°，呈现下降趋势，说明铜产业升级速率仍然比较缓慢。（3）从产业升级程度看。供给侧结构性改革后相较改革前，上游产业升级高度值下降，而中游和下游升级高度值持续上升，说明升级程度由低级阶段向高级阶段演变。

主要启示：（1）上游铜采选业。继续控制产能扩张，引导落后产能有序退出，从源头上打破产品供过于求的局面；引导和鼓励铜矿企业采用先进的采选技术流程、方法和工艺设备进行铜及共伴生金属的综合回收利用，促进上游有效供给不断增加，供给质量不断提高。（2）中游铜冶炼业。供给侧结构性改革速率比较缓慢，建议加快骨干铜冶炼企业技术升级改造，采用更加先进的设备、技术，优化生产工艺和生产指标，有效提升生产系统的集中度及附加值，增加高端铜材的产量。（3）下游铜压延加工业。产业结构超前系数、产业升级程度都还有较大提升空间，建议发展铜加工科技服务业，提高铜产业自主创新能力，促进和推动铜材深加工行业的发展，加快升级步伐。

6.5 本章小结

本章基于产业链视角研究供给侧结构性改革前后铜产业升级情况，

构建了反映上游采选业、中游冶炼业和下游压延加工业产业升级方向、速率和程度的测算模型，并利用 2012～2019 年数据进行了测算与对比分析。结果表明：（1）升级方向。供给侧结构性改革后相较改革前，上游超前系数下降且均小于 1，中游超前系数增加且均大于 1，而下游超前系数略有增加且基本趋于 1，说明中、下游超前发展程度较好。（2）升级速率。供给侧结构性改革后相较改革前，铜产业矢量夹角值由 2.72°下降到 2.26°，呈现下降趋势，说明铜产业升级速率仍然比较缓慢。（3）升级程度。供给侧结构性改革后相较改革前，上游产业升级高度值下降，而中游和下游升级高度值持续上升，说明升级程度由低级阶段向高级阶段演变，正朝着供给侧结构性改革目标方向发展。本章研究结果丰富了产业升级理论，阐释了铜产业升级未来的重点方向，为铜产业政策制定和企业生产决策提供了经验证据。

第 7 章

我国铝产业升级效果测算

新时代我国铝产业正由高速发展转向高质量发展，既面临增速放缓、效益下滑的严峻考验，也呈现出结构优化、创新能力增强等积极变化。尤其随着我国铝产业快速发展，规模急剧扩张，产业链各环节产能不协调和结构不对称的问题愈加突出，严重制约了铝产业的健康发展（佘欣未等，2020）。作为基础原材料的铝产业，产业升级效果如何，尤其在供给侧结构性改革前后的升级效果如何，值得关注。本章基于产业链视角，构建铝上游采选业、中游冶炼业和下游压延加工业的产业升级效果测算模型，以2012～2019 年数据为样本，研究铝产业供给侧结构性改革前后的升级方向、速率和程度，有利于更好理解供给侧结构性改革前后产业升级的演进过程，为深化铝产业供给侧结构性改革和未来政策制定提供参考依据。

7.1 关于铝产业相关研究

铝产业一直是国内材料产业的重要组成部分，近年来关于铝产业发展的研究比较多。学者高兰等（2015）、刘雨蒙和马广鑫（2016）结合铝资源特征，针对中国铝资源行业进行现状分析和潜力分析。佘欣未（2020）等学者从铝产品产量、生产技术和铝加工产业方面分析了铝产业目前发展所面临的挑战及未来展望，认为创新与开拓市场是铝产业战略性转变的关键手段。李建（2021）从氧化铝、电解铝成本构成和中国电解铝消费构成角度研判了我国铝产业存在的问题，认为产业集群化、一体化发展，关键技术和流程的创新是铝产业未来发展的方向。窦宏秀和王震（2021）解析了我国电解铝碳排放情况，对二氧化碳峰值进行了判断，提出要积极利用绿色可再生能源，加大技术创新力度，提高再生铝占比来助力实现绿色低碳社会。任晓娟等（2019）针对铝土矿的供应进行安全评价。

关于铝产业结构方面的研究主要侧重纵向一体化或供应链研究。如学者埃纳特（Hennart，1988）、斯塔基（Stuckey，1983）、黄健柏和兰勇（2009）、孙泽龙（2014）、杨晓霞（2016）从铝工业纵向一体化角度进行产业结构研究，从原铝工业、铝加工、上游铝工业、下游铝工业和国内铝工业发展趋势等方面提出见解，并对提高产品附加值、产业调整和结构升级等方面提出对策。徐盛华（2012）、梁少伟（2012）、程春艳（2013）、彭红军（2017）、刘少丽（2019）聚焦于铝产业链研究，提出要严格限制铝土矿开采和电解铝产能的无序扩张、延伸产业链并提高铝加工产品附加值、合理配置国内铝资源、调整产业布局、有机结合境外开发与产业转移等方面来统筹发展国内铝产业，延长产业链有利于合理分配资源提升产品质量。

从以上文献来看，大多学者仅定性描述了铝产业的发展现状，产业链的定义、整合及优化方法，尚未有学者系统研究铝产业升级的定量测算问题。本章研究基于铝产业链的结构升级测算问题，并对铝产业上游、中游和下游的升级效果进行分析。

7.2 铝产业基本数据统计分析

从产业链来看，铝产业分为上游、中游、下游，分别对应采选业、冶炼业及压延加工业，三者构成了完整的铝产业链。本章以2012~2015年为供给侧结构性改革前，2016~2019年为供给侧结构性改革后。

7.2.1 铝产业主营业务收入统计分析

2012~2019年铝采选业、冶炼业和压延加工业的主营业务收入、占产业比重以及各阶段的平均增长率如表7-1所示。

表7-1   2012~2019年铝产业主营业务收入

产业类型	指标	供给侧结构性改革前 (2012~2015年)				供给侧结构性改革后 (2016~2019年)			
		2012年	2013年	2014年	2015年	2016年	2017年	2018年	2019年
采选业	主营业务收入(亿元)	181.32	210.04	298.95	317.73	313.6	256.71	199.81	142.92
	占产业比重(%)	1.66	1.63	2.07	2.11	1.93	1.56	1.19	0.84
	平均增长率(%)	15.28				-18.1			
冶炼业	主营业务收入(亿元)	4239.65	4084.71	4322.19	4654.31	5271.74	5682.77	6093.81	6504.84
	占产业比重(%)	38.71	31.72	29.92	30.92	32.39	34.43	36.42	38.36
	平均增长率(%)	5.40				8.73			
压延加工业	主营业务收入(亿元)	6530.69	8581.32	9822.57	10082.69	10692.38	10564.52	10436.66	10308.8
	占产业比重(%)	59.63	66.65	68.01	66.97	65.69	64.01	62.38	60.8
	平均增长率(%)	12.88				0.56			
铝产业	主营业务收入总额（亿元）	10951.66	12876.07	14443.71	15054.73	16277.72	16504.07	16730.28	16956.56
	平均增长率(%)	10.23				3.35			

资料来源：2012~2020年《中国统计年鉴》《中国工业统计年鉴》及中商产业研究院数据库。

由表7-1可知：（1）采选业。主营业务收入占产业比重在供给侧结构性改革前基本逐年上升，但供给侧结构性改革后逐年下降；主营业务收入平均增长率在供给侧结构性改革前为15.28%，而在供给侧结构性改革后为-18.1%，说明上游产能得到了有效控制，改革效果显著。（2）冶炼业。主营业务收入占产业比重在供给侧结构性改革前基本逐年下降，但在供给侧结构性改革后逐年上升，反映升级朝着改革目标方向发展；主营业务收入在供给侧结构性改革前的平均增长率为5.40%，而在供给侧结构性改革后为8.73%，可见中游调整基本到位，转向高质量方向发展。（3）压延加工业。主营业务收入占产业比重在供给侧结构性改革前基本逐年上升，但在供给侧结构性改革后逐年下降；主营业务收入在供给侧结构性改革前的平均增长率为12.88%，而在供给侧结构性改革后为0.56%，说明下游改革效果不理想。（4）总体来看，铝产业供给侧结构性改革后主营业务收入的平均增长率比改革前有明显下滑。由此可知，整个铝产业供给侧结构性改革力度需要进一步加大。

7.2.2 铝产业用工人数统计分析

铝矿采选业、冶炼业和压延加工业的平均用工人数统计情况如表7-2所示。

表7-2　　　　　　　　　2012~2019年铝产业平均用工人数

产业类型	指标	供给侧结构性改革前 (2012~2015年)				供给侧结构性改革后 (2016~2019年)			
		2012年	2013年	2014年	2015年	2016年	2017年	2018年	2019年
采选业	年平均用工人数（万人）	1.41	1.33	1.93	1.69	1.61	1.27	0.94	0.60
	平均增长率（%）	3.37				-22.81			
冶炼业	年平均用工人数（万人）	25.84	26.07	23.04	22.98	22.73	23.25	23.77	24.29
	平均增长率（%）	-1.04				1.40			
压延加工业	年平均用工人数（万人）	40.88	46.93	50.25	51.58	52.78	51.87	50.96	50.05
	平均增长率（%）	7.18				-0.75			

资料来源：2012~2020年《中国统计年鉴》《中国工业统计年鉴》及中商产业研究院数据库。

由表7-2可知：（1）采选业。用工人数在供给侧结构性改革前的平均增长率为3.37%，而在供给侧结构性改革后为-22.81%，由正转负，供给侧结构性改革后下降明显。（2）冶炼业。用工人数在供给侧结构性改革前的平均增长率为-1.04%，而在供给侧结构性改革后为1.40%。用工人数平均增长率随铝产业规模扩张而增加。（3）压延加工业。用工人数在供给侧结构性改革前的平均增长率为 7.18%，而在供给侧结构性改革后为 −0.75%，由正转负，供给侧结构性改革后明显下滑。（4）总体来看，采选业、压延加工业用工人数平均增长率明显下滑，说明铝产业需要加大力度积极推进供给侧结构性改革，由重视数量增长和规模扩张转变为更加重视质量提高和效益提升。

7.2.3 铝产业劳动生产率统计分析

铝矿采选业、冶炼业和压延加工业的劳动生产率情况如表 7-3 所示。

表 7-3 2012~2019 年铝产业劳动生产率

产业类型	指标	供给侧结构性改革前（2012~2015 年）				供给侧结构性改革后（2016~2019 年）			
		2012 年	2013 年	2014 年	2015 年	2016 年	2017 年	2018 年	2019 年
采选业	劳动生产率（万元/人）	128.60	157.92	154.90	188.01	194.78	201.60	213.32	238.20
	平均值（万元/人）	157.36				211.98			
冶炼业	劳动生产率（万元/人）	164.07	156.68	187.60	202.54	231.93	244.42	256.37	267.80
	平均值（万元/人）	177.72				250.13			
压延加工业	劳动生产率（万元/人）	159.75	182.85	195.47	195.48	202.58	203.67	204.80	205.97
	平均值（万元/人）	183.39				204.26			

资料来源：2012~2020 年《中国统计年鉴》《中国工业统计年鉴》及中商产业研究院数据库。

由表 7-3 可知，铝矿采选业的劳动生产率的平均值由供给侧结构性改革前的 157.36 万元/人上升至供给侧机构性改革后的 211.98 万元/人，冶炼业由 177.72 万元/人上升为 250.13 万元/人，压延加工业由 183.39 万元/人上升为 204.26 万元/人。说明铝产业劳动生产率得到快速提高，尤其上游、中游改革效果更显著，下游还需加大改革力度。

7.3 铝产业升级测算与分析

7.3.1 铝产业升级方向测算与分析

根据第 4 章式（4-3）、式（4-4）计算铝产业供给侧结构性改革前后的结构超前系数，反映产业升级方向，结果如表 7-4 所示。

表 7-4　　　　　　　2012~2019 年铝产业结构超前系数

产业类型	T_1=2012~2015 年超前系数			T_2=2016~2019 年超前系数			T_{all}=2012~2019 年超前系数		
	采选业	冶炼业	压延加工业	采选业	冶炼业	压延加工业	采选业	冶炼业	压延加工业
铝产业	1.0566	0.9572	1.0261	0.7856	1.0592	1.0345	0.9211	1.0082	1.0303

由表 7-4 可知，铝矿采选业的超前系数在供给侧结构性改革前为 1.0566，而在供给侧结构性改革后为 0.7856，且 2012~2019 年超前系数为 0.9211，表明上游过度发展得到了有效抑制，改革取得积极效果。中游、下游的超前系数在供给侧结构性改革后均大于 1，其中冶炼业在供给侧结构性改革前为 0.9572，而在供给侧结构性改革后为 1.0592，且 2012~2019 年冶炼业的超前系数为 1.0082；压延加工业在供给侧结构性改革前为 1.0261，而在供给侧结构性改革后为 1.0345，且 2012~2019 年压延加工业的超前系数为 1.0303，表明铝矿的中游冶炼业、下游压延加工业超前发展，所占份额呈上升趋势，改革效果显著。

7.3.2 铝产业升级速率测算与分析

根据第 4 章式（4-5）、式（4-6）计算出 2012~2015 年、2016~

2019 年铝矿采选业、冶炼业和压延加工业之间的 Moore 结构变化值，并对比供给侧结构性改革前后的变化，计算过程如表 7 – 5 至表 7 – 7 所示。

表 7 – 5　供给侧结构性改革前（2012 ~ 2015 年）铝产业 M_t^+ 测算结果

产业类型	t = 2012 年		t + 1 = 2015 年		2012 ~ 2015 年
	$W_{i,t}$	$W_{i,t}^2$	$W_{i,t+1}$	$W_{i,t+1}^2$	$W_{i,t} \times W_{i,t+1}$
采选业	0.0166	0.0003	0.0211	0.0004	0.0003
冶炼业	0.3871	0.1499	0.3092	0.0956	0.1197
压延加工业	0.5963	0.3556	0.6697	0.4485	0.3994
合计	1	0.5057	1	0.5446	0.5194
测算结果	$M_t^+ = 0.9897$　$\text{arc}M_t^+ = 0.1434$　$\theta_{2012~2015} = 14.34°$				

表 7 – 6　供给侧结构性改革后（2016 ~ 2019 年）铝产业 M_t^+ 测算结果

产业类型	t = 2016 年		t + 1 = 2019 年		2016 ~ 2019 年
	$W_{i,t}$	$W_{i,t}^2$	$W_{i,t+1}$	$W_{i,t+1}^2$	$W_{i,t} \times W_{i,t+1}$
采选业	0.0193	0.0004	0.0084	0.0001	0.0002
冶炼业	0.3239	0.1049	0.3836	0.1472	0.1242
压延加工业	0.6569	0.4315	0.6080	0.3696	0.3993
合计	1	0.5367	1	0.5168	0.5237
测算结果	$M_t^+ = 0.9944$　$\text{arc}M_t^+ = 0.1058$　$\theta_{2016~2019} = 10.58°$				

表 7 – 7　供给侧结构性改革前后（2012 ~ 2019 年）铝产业 M_t^+ 测算结果

产业类型	t = 2012 年		t + 1 = 2019 年		2012 ~ 2019 年
	$W_{i,t}$	$W_{i,t}^2$	$W_{i,t+1}$	$W_{i,t+1}^2$	$W_{i,t} \times W_{i,t+1}$
采选业	0.0166	0.0003	0.0084	0.0001	0.0002
冶炼业	0.3871	0.1499	0.3836	0.1472	0.1485
压延加工业	0.5963	0.3556	0.6080	0.3696	0.3625
合计	1	0.5057	1	0.5168	0.5110
测算结果	$M_t^+ = 0.9996$　$\text{arc}M_t^+ = 0.0266$　$\theta_{2016~2019} = 2.66°$				

从表 7 – 5 至表 7 – 7 可知，铝产业 Moore 结构变化值均趋向于 1，在供给侧结构性改革前为 0.9897，供给侧结构性改革后为 0.9944。铝产业矢量夹角值呈现下降趋势，在供给侧结构性改革前为 14.34°，在供给侧

结构性改革后为 10.58°。由此可知，供给侧结构性改革后铝产业升级仍然比较缓慢。

7.3.3 铝产业升级程度测算与分析

依据第 4 章式（4-8）、式（4-9），测算 2012～2019 年铝产业升级高度平均值，如表 7-8 所示。

表 7-8 　　　　　　　　　　2012～2019 年铝产业升级高度值

产业类型	指标	供给侧结构性改革前 （2012～2015 年）				供给侧结构性改革后 （2016～2019 年）			
		2012 年	2013 年	2014 年	2015 年	2016 年	2017 年	2018 年	2019 年
采选业	升级高度值（%）	2.13	2.58	3.21	3.97	3.75	3.14	2.55	2.01
	平均值（%）	2.97				2.86			
冶炼业	升级高度值（%）	63.52	49.70	56.14	62.62	75.11	84.16	93.38	102.73
	平均值（%）	57.99				88.85			
压延加工业	升级高度值（%）	95.26	121.86	132.93	130.92	133.07	130.37	127.76	125.22
	平均值（%）	120.24				129.11			
铝业产业	升级高度值（%）	160.91	174.14	192.28	197.50	211.94	217.67	223.68	229.96
	平均值（%）	181.21				220.81			

由表 7-8 可知：（1）采选业。产业升级高度值在供给侧结构性改革前的平均值为 2.97%，而在供给侧结构性改革后为 2.86%，改革后略有降低，这反映铝产业上游正在动态调整。（2）冶炼业。产业升级高度值在供给侧结构性改革前的平均值为 57.99%，而在供给侧结构性改革后为 88.85%，呈持续快速增长趋势，反映铝产业中游冶炼业的升级程度明显加快，并向着更高层次发展。（3）压延加工业。产业升级高度值在供给侧结构性改革前的平均值为 120.24%，而在供给侧结构性改革后为 129.11%，也呈持续增长趋势。（4）总体来看，铝产业链不同环节的升级高度值均持续上升，升级程度由低级阶段向高级阶段演变，正朝着改革目标方向发展。

7.4 结论与启示

7.4.1　结　论

本章基于供给侧结构性改革背景下铝产业升级问题，界定了上游、中游和下游，构建了铝矿采选业、冶炼业和压延加工业为一体的产业链结构升级效果的理论模型与实证检验，研究发现：

（1）从产业升级方向看。供给侧结构性改革后的铝产业上游的超前系数比改革前有所下降且均小于1，而中游、下游的超前系数在供给侧结构性改革后均大于改革前且均大于1。冶炼业和压延加工业测算的各项指标均优于采选业，产业结构朝着供给侧结构性改革目标方向发展。

（2）从产业升级速率看。供给侧结构性改革后的铝产业矢量夹角值较改革前呈现下降趋势，说明铝产业升级相对比较缓慢，需要加快升级速率。

（3）从产业升级程度看。铝产业上游采选业的升级高度值在供给侧结构性改革后下降，而中游和下游持续上升，升级程度由低级阶段向高级阶段演变，正朝改革目标方向发展。

7.4.2　启　示

根据上述研究结论，主要得到以下政策启示。

（1）对于上游铝矿采选业来说，产业升级程度还有很大上升空间，因此需将上游采选业的供给质量不断提高，结构不断优化，坚持以需求为导向，不断提高劳动生产率。

（2）对于中游铝矿冶炼业来说，供给侧结构性改革速率、程度比较缓慢，需要加快技术研发，采用更加先进的设备、技术等，促进中游冶炼的有效供给不断增加，供给质量不断提高，推动中游超前发展。

（3）对于下游铝矿压延加工业来说，产业结构超前系数、产业升级程度都还有较大提升空间，需要加大自主科技创新投入，提升精深加工水平；注重工艺转向智能化、柔性化、精细化及绿色化，形成铝工业新业态。

7.5 本章小结

本章为测算供给侧结构性改革背景下铝产业的升级效果，基于已有文献，运用产业结构超前系数、Moore 结构变化值、产业升级高度值构建了反映产业升级方向、速率和程度的测算模型，并利用 2012~2019 年数据测算了供给侧结构性改革前后铝产业结构的升级情况，对其升级效果进行了对比分析。结果表明：（1）产业升级方向。供给侧结构性改革后的上游超前系数比改革前有所下降且均小于 1，而在供给侧结构性改革后中游、下游的超前系数均大于改革前且均大于 1。（2）升级速率。供给侧结构性改革后铝产业矢量夹角值较改革前呈现下降趋势，供给侧结构性改革后铝产业升级缓慢，矢量夹角由 14.34°下降到 10.58°。（3）升级程度。供给侧结构性改革后铝产业上游的产业升级高度值下降，而中游和下游的升级高度值持续上升，升级程度由低级阶段向高级阶段演变，正朝着供给侧结构性改革目标方向发展。本章研究对于完善铝产业升级的理论和方法体系具有一定的理论价值，为推动铝产业供给侧结构性改革提供了研究视角和方法借鉴。

第8章

我国稀有稀土金属产业升级效果测算

2015 年 11 月，中央财经领导小组会议上首次提出"在适度扩大总需求的同时，着力加强供给侧结构性改革"。[①] 推进供给侧结构性改革需要把握好"加法"和"减法"的关系，既要通过增加要素投入，促进经济总量稳定增长；也要通过推进结构调整，减少无效和低端供给，扩大有效和中高端供给，推动产业结构的合理化和高度化，实现优化升级。稀有稀土金属是具有独特性能的重要战略资源，是改造传统产业、发展新兴产业及国防科技工业不可或缺的关键元素（李鹏飞等，2014；李芳琴，2018）。目前，稀有金属、稀土金属和稀散元素矿产品已成为尖端和国防工业不可缺少的材料，而且也正朝着更广泛的民生产品迈进（杨岳清等，2021）。但在快速发展之后，出现了供给结构问题，如产能过剩、结构性供求失衡、高附加值产品严重不足等。在此背景下，推动稀有稀土金属供给侧结构性改革需要聚焦于产业结构优化升级，有助于稀有稀土金属产业高质量发展（陈瑞强等，2020）。因此，稀有稀土金属产业升级效果如何，尤其在供给侧结构性改革前后的升级效果如何，值得关注。

本章的主要创新和贡献在于：一是基于产业链视角，运用产业结构超前系数、Moore 结构变化值、产业升级高度值构建稀有稀土金属上游采

---

① 习近平：《在中央财经领导小组第十一次会议上的讲话》，载于《人民日报》，2015 年 11 月 10 日。

113

选业、中游冶炼业和下游压延加工业的产业升级效果测算模型，丰富了产业升级定量测算的理论与方法；二是以 2012～2019 年数据为样本，测算了供给侧结构性改革前后稀有稀土金属产业链结构升级情况，并对产业链各环节的升级效果进行对比评析。有利于更好理解供给侧结构性改革前后产业升级的演进过程，为深化稀有稀土金属产业供给侧结构性改革和未来政策制定提供参考依据。

8.1 关于稀有稀土产业升级相关研究

稀有金属、稀土金属和稀散元素（三稀）目前已成为世界各国经济发展中的关键矿产。学者李文龙和章羊（2016）从稀土需求结构的升级和供给结构的转型两个方面分析了技术创新与稀土产业转型升级的相互促进机理。李文龙和章羊（2018）实证研究技术创新驱动稀土产业的转型升级。吴一丁、王雨婷和罗翔（2021）从风险和效率角度实证检验供应链稳定性对稀土产业升级的影响。罗翔和赖丹（2021）从产业链延伸视角出发，基于 2010～2019 年的面板数据，运用 DEA-BC2 与 SFA 相结合的三阶段 DEA 模型，对剔除环境因素和随机误差影响前后的 27 家中国稀土产业链上市公司的效率水平进行测度与比较。

8.2 稀有稀土产业基本数据统计分析

本书以 2012～2015 年为供给侧结构性改革前，2016～2019 年为供给侧结构性改革后。

8.2.1 稀有稀土产业主营业务收入统计分析

2012～2019 年稀有稀土金属采选业、冶炼业和压延加工业的主营业务收入、占产业比重以及各阶段的平均增长率如表 8 – 1 所示。

表 8 – 1 　　　　　　2012～2019 年稀有稀土金属产业主营业务收入

产业类型	指标	供给侧结构性改革前 (2012～2015 年)				供给侧结构性改革后 (2016～2019 年)			
		2012 年	2013 年	2014 年	2015 年	2016 年	2017 年	2018 年	2019 年
采选业	主营业务收入（亿元）	553.87	736.56	747.61	894.46	910.63	776.41	642.18	507.96
	占产业比重（%）	19.27	22.99	21.66	26.35	25.18	23.58	22.46	20.50
	平均增长率（%）	12.93				– 13.19			
冶炼业	主营业务收入（亿元）	1860.6	1828.79	1895.34	1835.99	1899.77	1739.79	1579.81	1419.83
	占产业比重（%）	64.75	57.10	54.22	54.09	52.53	52.85	55.26	57.31
	平均增长率（%）	0.08				– 6.22			
压延加工业	主营业务收入（亿元）	459.07	637.17	808.03	663.71	806.25	775.80	637.11	549.68
	占产业比重（%）	15.98	19.90	23.41	19.55	22.29	23.57	22.28	22.19
	平均增长率（%）	13.64				– 4.60			
稀有稀土产业	主营业务收入总额(亿元)	2873.54	3202.52	3450.98	3394.16	3616.65	3292.00	2859.10	2477.47
	平均增长率（%）	2.92				– 5.79			

资料来源：2012～2020 年《中国统计年鉴》《中国工业统计年鉴》及中商产业研究院数据库。

由表 8 – 1 可知：（1）采选业。主营业务收入占产业比重在供给侧结构性改革前基本逐年上升，但供给侧结构性改革后逐年下降；主营业务收入平均增长率在供给侧结构性改革前为 12.93%，而在供给侧结构性改革后为 – 13.19%，说明上游产能得到了有效控制，改革效果显著。（2）冶炼业。主营业务收入占产业比重在供给侧结构性改革前逐年下降，但在供给侧结构性改革后逐年上升，反映升级朝着改革目标方向发展；主营业务收入在供给侧结构性改革前的平均增长率为 0.08%，而供给侧结构性改革后为 – 6.22%，可见中游改革效果不理想。（3）压延加工业。主营业务收入占产业比重在供给侧结构性改革前基本逐年上升，但在供给侧结构性改革后基本逐年下降；主营业务收入在供给侧结构性改革前的平均增长率为13.64%，而在供给侧结构性改革后为－4.60%，说明下游改革效果也不理想。（4）总体来看，稀有稀土金属产业供给侧结构性改革后主营业务收入的平均增长率比改革前有明显下滑。由此可知，整个稀有稀土金属产业供给侧结构性改革力度需要进一步加大。

8.2.2 稀有稀土产业用工人数统计分析

稀有稀土金属采选业、冶炼业和压延加工业的平均用工人数统计情况如表8－2所示。

表8－2　　　　2012～2019年稀有稀土金属产业平均用工人数

产业类型	指标	供给侧结构性改革前（2012～2015年）				供给侧结构性改革后（2016～2019年）			
		2012年	2013年	2014年	2015年	2016年	2017年	2018年	2019年
采选业	年平均用工人数（万人）	8.44	8.72	8.46	7.74	6.96	6.29	5.61	4.94
	平均增长率（%）	－1.79				－10.62			
冶炼业	年平均用工人数（万人）	10.22	10.57	10.02	9.96	9.64	8.35	7.05	5.76
	平均增长率（%）	0.35				－12.8			
压延加工业	年平均用工人数（万人）	3.6	3.84	4.73	3.85	3.94	3.61	3.29	2.96
	平均增长率（%）	4.33				－6.36			

资料来源：2012～2020年《中国统计年鉴》《中国工业统计年鉴》及中商产业研究院数据库。

由表8－2可知：稀有稀土金属采选业用工人数由供给侧结构性改革前的平均增长率－1.79%降至供给侧结构性改革后的－10.62%，冶炼业用工人数由供给侧结构性改革前的平均增长率0.35%降至供给侧结构性改革后的－12.8%，由正转负。压延加工业用工人数由供给侧结构性改革前的平均增长率4.33%降至供给侧结构性改革后的－6.36%，也由正转负。总体来看，采选业、冶炼业及压延加工业用工人数平均增长率明显下滑，说明稀有稀土金属产业积极推进供给侧结构性改革，由重视数量增长和规模扩张转变为更加重视质量提高和效益提升。

8.2.3   稀有稀土产业劳动生产率统计分析

稀有稀土金属采选业、冶炼业和压延加工业的劳动生产率情况如表 8 - 3 所示。

表 8 - 3   2012 ~ 2019 年稀有稀土金属产业劳动生产率

产业类型	指标	供给侧结构性改革前 (2012 ~ 2015 年)				供给侧结构性改革后 (2016 ~ 2019 年)			
		2012 年	2013 年	2014 年	2015 年	2016 年	2017 年	2018 年	2019 年
采选业	劳动生产率 (万元/人)	65.60	84.47	88.37	115.56	130.84	123.44	114.47	102.83
	平均值(万元/人)	88.50				117.89			
冶炼业	劳动生产率 (万元/人)	182.13	173.02	189.16	184.34	197.07	208.36	224.09	246.50
	平均值(万元/人)	182.16				219.00			
压延加工业	劳动生产率 (万元/人)	127.52	165.93	170.83	172.39	204.63	214.90	193.65	185.70
	平均值(万元/人)	159.17				199.72			

资料来源: 2012 ~ 2020 年《中国统计年鉴》《中国工业统计年鉴》及中商产业研究院数据库。

由表 8 - 3 可知: 稀有稀土金属采选业的劳动生产率由供给侧结构性改革前的 88.50 万元/人上升至改革后的 117.89 万元/人, 冶炼业由 182.16 万元/人上升为 219.00 万元/人, 压延加工业由 159.17 万元/人上升为 199.72 万元/人。说明稀有稀土金属产业劳动生产率得到快速提高, 尤其上游、中游改革效果更显著, 下游还需加大改革力度。

8.3 我国稀有稀土产业测算与分析

8.3.1   稀有稀土产业升级方向测算与分析

根据第 4 章式 (4 - 3)、式 (4 - 4) 计算稀有稀土金属产业供给侧结构性改革前后的结构超前系数，反映产业升级方向，结果如表 8 – 4 所示。

表 8 – 4　　　　　2012～2019 年稀有稀土金属产业结构超前系数

产业类型	$T_1 = 2012～2015$ 年超前系数			$T_2 = 2016～2019$ 年超前系数			$T_{all} = 2012～2019$ 年超前系数		
	采选业	冶炼业	压延加工业	采选业	冶炼业	压延加工业	采选业	冶炼业	压延加工业
稀有稀土金属产业	1.0864	0.9503	1.0972	0.9353	1.0157	1.0376	1.0109	0.9830	1.0674

由表 8 – 4 可知：稀有稀土金属采选业的超前系数在供给侧结构性改革前为 1.0864，而在供给侧结构性改革后为 0.9353，且 2012～2019 年超前系数为 1.0109，表明上游过度发展得到了有效抑制，改革取得积极效果。中游、下游的超前系数在供给侧结构性改革后均大于 1，其中冶炼业在供给侧结构性改革前为 0.9503，而在供给侧结构性改革后为 1.0157，且 2012～2019 年冶炼业的超前系数为 0.9830；压延加工业在供给侧结构性改革前为 1.0972，而在供给侧结构性改革后为 1.0376，且 2012～2019 年压延加工业的超前系数为 1.0674，表明稀有稀土金属中游冶炼业、下游压延加工业超前发展，所占份额呈上升趋势，改革效果显著。

8.3.2　稀有稀土产业升级速率测算与分析

根据第 4 章式（4 – 5）、式（4 – 6）计算出 2012～2015 年、2016～2019 年稀有稀土金属采选业、冶炼业和压延加工业之间 Moore 结构变化值，并对比供给侧结构性改革前后的变化，计算过程如表 8 – 5 至表 8 – 7 所示。

表 8 - 5　　　　　供给侧结构性改革前（2012～2015 年）稀有
稀土金属产业 M_t^+ 测算结果

产业类型		t = 2012 年		t + 1 = 2015 年		2012～2015 年
		$W_{i,t}$	$W_{i,t}^2$	$W_{i,t+1}$	$W_{i,t+1}^2$	$W_{i,t} \times W_{i,t+1}$
稀有稀土金属产业	采选业	0.1927	0.0372	0.2635	0.0694	0.0508
	冶炼业	0.6475	0.4192	0.5409	0.2926	0.3502
	压延加工业	0.1598	0.0255	0.1955	0.0382	0.0312
	合计	1	0.4819	1	0.4003	0.4323
测算结果		$M_t^+ = 0.9842$　　$arcM_t^+ = 0.1779$　　$\theta_{2012～2015} = 17.79°$				

表 8 - 6　　　　供给侧结构性改革后（2016～2019 年）稀有稀土金属
产业 M_t^+ 测算结果

产业类型		t = 2016 年		t + 1 = 2019 年		2016～2019 年
		$W_{i,t}$	$W_{i,t}^2$	$W_{i,t+1}$	$W_{i,t+1}^2$	$W_{i,t} \times W_{i,t+1}$
稀有稀土金属产业	采选业	0.2518	0.0634	0.2050	0.0420	0.0516
	冶炼业	0.5253	0.2759	0.5731	0.3284	0.3010
	压延加工业	0.2229	0.0497	0.2219	0.0492	0.0495
	合计	1	0.3890	1	0.4197	0.4021
测算结果		$M_t^+ = 0.9952$　　$arcM_t^+ = 0.0982$　　$\theta_{2016～2019} = 9.82°$				

表 8 - 7　　　　　供给侧结构性改革前后（2012～2019 年）稀有
稀土金属产业 M_t^+ 测算结果

产业类型		t = 2012 年		t + 1 = 2019 年		2012～2019 年
		$W_{i,t}$	$W_{i,t}^2$	$W_{i,t+1}$	$W_{i,t+1}^2$	$W_{i,t} \times W_{i,t+1}$
稀有稀土金属产业	采选业	0.1927	0.0372	0.2050	0.0420	0.0395
	冶炼业	0.6475	0.4192	0.5731	0.3284	0.3711
	压延加工业	0.1598	0.0255	0.2219	0.0492	0.0354
	合计	1	0.4819	1	0.3777	0.4065
测算结果		$M_t^+ = 0.9529$　　$arcM_t^+ = 0.3082$　　$\theta_{2016～2019} = 30.82°$				

由表 8 - 5 至表 8 - 7 可知：稀有稀土金属产业 Moore 结构变化值均趋向于 1，在供给侧结构性改革前为 0.9842，在供给侧结构性改革后为

0.9952。稀有稀土金属产业矢量夹角值呈现下降趋势，在供给侧结构性改革前为 17.79°，在供给侧结构性改革后为 9.82°。由此，供给侧结构性改革后稀有稀土金属产业升级仍然比较缓慢。

8.3.3 稀有稀土产业升级程度测算与分析

依据第 4 章式（4-8）、式（4-9），测算 2012~2019 年产业升级高度平均值，如表 8-8 所示。

表 8-8   2012~2019 年稀有稀土金属产业升级高度值

产业类型	指标	供给侧结构性改革前 (2012~2015 年)				供给侧结构性改革后 (2016~2019 年)			
		2012 年	2013 年	2014 年	2015 年	2016 年	2017 年	2018 年	2019 年
采选业	升级高度值（%）	12.64	19.43	19.14	30.45	32.94	29.11	25.71	21.08
	平均值（%）	20.42				27.21			
冶炼业	升级高度值（%）	117.93	98.80	103.89	99.71	103.52	110.12	123.82	141.27
	平均值（%）	105.08				119.68			
压延加工业	升级高度值（%）	20.37	33.01	39.99	33.71	45.62	50.64	43.15	41.20
	平均值（%）	31.77				45.15			
稀有稀土金属产业	升级高度值（%）	150.95	151.24	163.03	163.88	182.08	189.87	192.68	203.55
	平均值（%）	157.27				192.05			

由表 8-8 可知：（1）采选业。产业升级高度值在供给侧结构性改革前的平均值为 20.42%，而在供给侧结构性改革后为 27.21%，上游升级高度值略有增长。（2）冶炼业。产业升级高度值在供给侧结构性改革前的平均值为 105.08%，而在供给侧结构性改革后为 119.68%，呈持续快速增长趋势，反映稀有稀土金属产业中游冶炼业的升级程度明显加快，并向着更高层次发展。（3）压延加工业。产业升级高度值在供给侧结构性改革前的平均值为 31.77%，而在供给侧结构性改革后为 45.15%，也呈持续增长趋势。（4）总体来看，稀有稀土金属产业链不同环节的升级高度值均持续上升，升级程度由低级阶段向高级阶段演变，正朝着改革目标方向发展。

8.4 结论与启示

稀有稀土金属是重要战略矿产资源，其产业升级关乎国民经济社会发展全局。本章基于产业链视角，运用产业结构超前系数、Moore 结构变化值、产业升级高度值构建了反映产业升级方向、速率和程度的测算模型，利用 2012～2019 年数据测算了供给侧结构性改革前后产业链各环节的升级效果并进行对比评析。

主要研究结论：（1）从产业升级方向看。供给侧结构性改革后相较改革前，上游超前系数下降且小于 1，表明上游采选业过度发展得到了有效抑制，供给侧结构性改革控制效果好。而中游、下游的超前系数较上游有所增加且均大于 1，表明中游冶炼业、下游压延加工业超前发展程度比较好。（2）从产业升级速率看。供给侧结构性改革后相较改革前，稀有稀土金属产业矢量夹角值由 17.79°下降到 9.82°，呈现下降趋势，说明稀有稀土金属产业升级速率仍然比较缓慢。（3）从产业升级程度看。供给侧结构性改革后产业链不同环节的升级高度值总体来说趋于上升趋势，升级程度由低级阶段向高级阶段演变，正朝着改革目标方向发展。

主要启示：（1）上游稀有稀土金属采选业。引导和鼓励稀有稀土金属矿企业重视重金属污染防治，推广应用大型高效自动化采选设备、新型高效药剂以及节能减排技术等，确保污染物达标排放，提升综合回收利用率，使上游采选业供给质量不断提高，结构不断优化，同时结合稀有稀土金属矿的特征，鼓励企业加大境外矿产资源勘探、开发，通过投资并购、联合投资等多种方式获取境外权益矿产资源，增强海外原料获取能力，为国内供给侧结构性改革提供更加充裕的时间。（2）中游稀有稀土金属冶炼业。产业升级速率比较缓慢，建议加快骨干稀有稀土金属冶炼企业突破一批关键核心技术和共性基础技术,并加强创新成果转化和应用推广,提升高附加值产品比例,增加高端稀有稀土金属材料的产量,促进中游冶炼的有效供给不断增加,供给质量不断提高,推动中游冶炼业超前发展。(3)下游稀有稀土金属压延加工业。产业升级速率、产业升级程度还有较大提升空间,建议推动稀有稀土金属高附加值再生产业化基地建设,促进建立从废旧再生资源回收、拆解、熔炼到深加工的产业链体系,提高全流程绿色生产水平,同时注重"两化融合",提升智能化水平,形成稀有稀土金属工业新业态,加快高附加值的压延加工业的转型升级步伐。

8.5 本章小结

为深入研究中国稀有稀土金属产业升级,基于产业链视角,本章运用产业结构超前系数、Moore 结构变化值、产业升级高度值构建了反映稀有稀土金属采选业、冶炼业和压延加工业产业升级的测算模型,利用2012 ~ 2019 年数据测度产业升级方向、速率和程度,对供给侧结构性改革前后产业链各环节的升级效果进行对比评析。结果表明:(1)升级方向。供给侧结构性改革后相较改革前,上游采选业超前系数下降且小于1,表明上游过度发展得到了有效抑制,而中游、下游的超前系数较上游有所增加且均大于1,表明中游冶炼业、下游压延加工业超前发展。(2)升级速率。供给侧结构性改革后相较改革前,矢量夹角值由17.79°下降到9.82°,可见改革后升级缓慢。(3)升级程度。供给侧结构性改革后产业链不同环节的升级高度值总体来说趋于上升趋势,升级程度由低级阶段向高级阶段演变,正朝着改革目标方向发展。根据测算结果,提出了相关政策建议。

第 9 章

我国黑色金属产业升级效果测算

黑色金属矿业属于资源密集型和基础性产业，在快速发展之后，出现了如产能过剩、结构性供求失衡等供给结构问题。因此，研究供给侧结构性改革对促进黑色金属矿业产业的健康发展具有重要意义。

9.1 关于黑色金属产业相关研究

关于黑色金属的研究，目前学者集中在黑色金属企业环境会计信息披露的研究，如白清媛（2016）以黑色金属上市公司为研究对象，研究影响该类企业环境会计信息披露的因素。卢晓苹（2016）对黑色金属冶炼及压延加工业相关上市公司的环境会计信息披露问题开展研究。关于黑色金属产业套期保值的研究，如学者卜咪咪（2018）主要研究了黑色金属产业链在供给侧结构性改革背景下，如何运用期货市场进行风险管理，实现转型升级，选取了黑色金属产业链上具有代表性的上游某焦化企业、中游某钢铁企业和下游某家电制造企业运用期货市场进行套期保值的案例进行了分析，上述企业将期货衍生品工具融入企业的日常管理中，在产业结构调整的过程中，成功化解了原材料和产成品价格波动的风险，提高了企业的竞争力。葛永波、曹婷婷和朱蓉（2019）运用 R/S

分析法，分析了中国黑色金属期货市场的分形特征。关于黑色金属产业战略研究，如邢佳韵等（2017）从投资环境、冶炼加工产业合作基础、市场需求前景以及地缘战略意义四个方面建立了三层冶炼加工产能合作优选评价指标。李拥军（2021）重点分析了黑色采选业投资额增速、投资规模的变化情况，并对黑色采选业投资额增速的影响因素进行探究。学者们对黑色金属产业升级的研究较少，本章主要研究的创新和贡献：一是基于供给侧结构性改革背景，针对黑色金属矿业产业升级进行测算，建立测算模型，丰富了产业升级定量研究的理论与方法；二是文献中对产业升级的测度侧重于产业升级模式层面，价值链环节未有考虑，本章将金属矿业分为采选业、冶炼及压延加工业，将产业价值链纳入结构升级研究。

9.2 黑色金属产业数据来源与统计分析

本章以 2013～2015 年为供给侧结构性改革前，2016～2018 年为供给侧结构性改革后。数据来源于 2013～2018 年《中国统计年鉴》《中国工业统计年鉴》及中商产业研究院数据库。

（1）主营业务收入统计分析。

通过数据整理得到黑色金属矿采选业和冶炼及压延加工业的主营业务收入及其占产业比重，并计算供给侧结构性改革前后的平均增长率，结果如表 9-1 所示。

表 9-1　　　　　　　2013～2018 年黑色金属产业主营业务收入

产业类型	指标	供给侧结构性改革前 （2013～2015 年）			供给侧结构性改革后 （2016～2018 年）		
		2013 年	2014 年	2015 年	2016 年	2017 年	2018 年
采选业	主营业务收入（亿元）	9828.34	9402.9	7368.6	6637.6	5723.2	3276.3
	占产业比重（%）	11.41	11.14	10.24	9.51	7.82	4.87
	平均增长率（%）	-13.41			-29.74		

续表

产业类型	指标	供给侧结构性改革前 (2013~2015年)			供给侧结构性改革后 (2016~2018年)		
		2013年	2014年	2015年	2016年	2017年	2018年
冶炼及压延加工业	主营业务收入（亿元）	76316.93	75028.4	64605.7	63174.3	67429.6	64006.5
	占产业比重（%）	88.59	88.86	89.76	90.49	92.18	95.13
	平均增长率（%）	−7.99			0.66		
黑色金属矿产业	主营业务收入总额（亿元）	86145.27	84431.3	71974.3	69811.9	73152.8	67282.8
	平均增长率（%）	−8.59			−1.83		

资料来源：2013~2018年《中国统计年鉴》《中国工业统计年鉴》及中商产业研究院数据库。

由表 9-1 可知，黑色金属矿采选业主营业务收入在供给侧结构性改革前的平均增长率为 −13.41%，而在供给侧结构性改革后的平均增长率为 −29.74%，说明前端产能得到了有效控制，改革效果显著。黑色金属矿冶炼及压延加工业主营业务收入在供给侧结构性改革前的平均增长率为 −7.99%，而在供给侧结构性改革后的平均增长率为 0.66%，由负转正，说明后端改革效果明显。从主营业务收入占产业比重来看，采选业占比逐年下降，冶炼及压延加工业占比逐年上升。另外，黑色金属矿产业供给侧结构性改革后主营业务收入的平均增长率比改革前有显著提升。由此可知，黑色金属矿产业供给侧结构性改革成效显著。

（2）就业人数统计分析。

黑色金属矿采选业、冶炼及压延加工业的平均用工人数统计情况如表 9-2 所示。

表 9-2　　　　　2013~2018 年黑色金属矿业平均用工人数

产业类型	指标	供给侧结构性改革前 (2013~2015年)			供给侧结构性改革后 (2016~2018年)		
		2013年	2014年	2015年	2016年	2017年	2018年
采选业	年平均用工人数（万人）	71.04	68.34	57.8	47.14	35.77	33.4
	平均增长率（%）	−9.8			−15.83		

续表

产业类型	指标	供给侧结构性改革前（2013~2015年）			供给侧结构性改革后（2016~2018年）		
		2013年	2014年	2015年	2016年	2017年	2018年
冶炼及压延加工业	年平均用工人数（万人）	415.99	404.6	364.9	325.68	293.34	228.1
	平均增长率（%）	-6.34			-16.31		

资料来源：2013~2018年《中国统计年鉴》《中国工业统计年鉴》及中商产业研究院数据库。

由表9-2可知，黑色金属矿采选业年平均用工人数在供给侧结构性改革前的平均增长率为-9.8%，而在供给侧结构性改革后为-15.83%；冶炼及压延加工业年平均用工人数在供给侧结构性改革前的平均增长率为-6.34%，而在供给侧结构性改革后为-16.31%。供给侧结构性改革前后从业人员在减少，改革效果较显著。另外生态保护区建设也为供给侧结构性改革一部分，专门针对一部分排污不达标的矿山进行了政策性关闭，这也影响到了矿业产业的从业人员。

（3）黑色金属矿采选业、冶炼及压延加工业劳动生产率统计分析。

通过第4章式（4-9），表9-1及表9-2数据求得黑色金属矿业劳动生产率，如表9-3所示。

表9-3　　　　　　　　2013~2018年黑色金属矿业劳动生产率

产业类型	指标	供给侧结构性改革前（2013~2015年）			供给侧结构性改革后（2016~2018年）		
		2013年	2014年	2015年	2016年	2017年	2018年
采选业	劳动生产率（万元/人）	138.35	137.59	127.48	140.81	160	98.09
	平均值（万元/人）	134.47			132.97		
冶炼及压延加工业	劳动生产率（万元/人）	183.46	185.44	177.05	193.98	229.87	280.61
	平均值（万元/人）	181.98			234.82		

由表9-3可知，黑色金属矿采选业劳动生产率在供给侧结构性改革前的平均值为134.47万元/人，而供给侧结构性改革后的平均值为

132.97 万元/人，说明黑色金属矿前端正在改革调整；冶炼及压延加工业劳动生产率在供给侧结构性改革前的平均值为 181.98 万元/人，而供给侧结构性改革后的平均值为 234.82 万元/人，说明黑色金属矿后端劳动生产率得到有效提升，改革效果明显。

9.3 测算及对比分析

9.3.1 产业升级方向测算及与有色金属产业升级方向对比分析

根据第 4 章式（4-3）、式（4-4）计算黑色金属矿、有色金属矿供给侧结构性改革前后的结构超前系数，反映产业升级方向，结果如表 9-4 所示。

表 9-4　　　　　　　　2013~2018 年金属矿业超前系数

产业类型	T_1 =2013~2015 年超前系数		T_2 =2016~2018 年超前系数		T_{all} =2013~2018 年超前系数	
	采选业	冶炼及压延加工业	采选业	冶炼及压延加工业	采选业	冶炼及压延加工业
黑色金属矿	0.9969	1.0004	0.7278	1.0312	0.8285	1.0211
有色金属矿	0.8904	1.0155	0.8295	1.0203	0.7924	1.0294

由表 9-4 可知，黑色金属矿采选业的超前系数在供给侧结构性改革前为 0.9969，而在供给侧结构性改革后的超前系数为 0.7278，且 2013~2018 年黑色金属矿采选业超前系数为 0.8285；有色金属矿采选业的超前系数在供给侧结构性改革前为 0.8904，而在供给侧结构性改革后的超前系数为 0.8295，且 2013~2018 年有色金属矿采选业超前系数为 0.7924，表明金属矿业前端过度发展得到了有效抑制，改革取得积极效应。

金属矿业后端的超前系数均大于1，其中黑色金属矿冶炼及压延加工业的超前系数在供给侧结构性改革前为1.0004，而在供给侧结构性改革后的超前系数为1.0312，且2013~2018年黑色金属矿冶炼及压延加工业的超前系数为1.0211；有色金属矿冶炼及压延加工业的超前系数在供给侧结构性改革前为1.0155，而在供给侧结构性改革后的超前系数为1.0203，且2013~2018年有色金属矿冶炼及压延加工业的超前系数为1.0294，表明金属矿业后端超前发展，所占份额呈上升趋势，改革效果显著。

9.3.2 产业升级速率测算及与有色金属产业升级速率对比分析

根据第4章式（4-5）、式（4-6）计算出2013~2015年、2016~2018年黑色金属和有色金属矿采选业、冶炼及压延加工业之间 Moore 结构变化值，并对比供给侧结构性改革前后的变化。计算过程如表9-5至表9-10所示。

表9-5　供给侧结构性改革前（2013~2015年）黑色金属矿业 M_t^+ 测算结果

产业类型		t = 2013 年		t + 1 = 2015 年		2013~2015 年
		$W_{i,t}$	$W_{i,t}^2$	$W_{i,t+1}$	$W_{i,t+1}^2$	$W_{i,t} \times W_{i,t+1}$
黑色金属矿	采选业	0.1141	0.0130	0.1024	0.0105	0.0117
	冶炼及压延加工业	0.8859	0.7848	0.8976	0.8057	0.7952
	合计	1	0.7979	1	0.8162	0.8069
测算结果		$M_t^+ = 0.9999$　$arcM_t^+ = 0.0145$　$\theta_{2013\sim2015} = 1.45°$				

表9-6　供给侧结构性改革后（2016~2018年）黑色金属矿业 M_t^+ 测算结果

产业类型		t = 2016 年		t + 1 = 2018 年		2016~2018 年
		$W_{i,t}$	$W_{i,t}^2$	$W_{i,t+1}$	$W_{i,t+1}^2$	$W_{i,t} \times W_{i,t+1}$
黑色金属矿	采选业	0.0951	0.009	0.0487	0.0024	0.0046
	冶炼及压延加工业	0.9049	0.8189	0.9513	0.905	0.8609
	合计	1	0.8279	1	0.9074	0.8654
测算结果		$M_t^+ = 0.9986$　$arcM_t^+ = 0.0535$　$\theta_{2016\sim2018} = 5.35°$				

表 9-7 供给侧结构性改革前后（2013~2018 年）黑色金属矿业 M_t^+ 测算结果

产业类型		t = 2013 年		t + 1 = 2018 年		2013~2018 年
		$W_{i,t}$	$W_{i,t}^2$	$W_{i,t+1}$	$W_{i,t+1}^2$	$W_{i,t} \times W_{i,t+1}$
黑色金属矿	采选业	0.1141	0.013	0.0487	0.0024	0.0056
	冶炼及压延加工业	0.8859	0.7848	0.9513	0.905	0.8428
	合计	1	0.7979	1	0.9074	0.8483
测算结果		$M_t^+ = 0.997$　　$\text{arc}M_t^+ = 0.0769$　　$\theta_{2016 \sim 2018} = 7.69°$				

表 9-8 供给侧结构性改革前（2013~2015 年）有色金属矿业 M_t^+ 测算结果

产业类型		t = 2013 年		t + 1 = 2015 年		
		$W_{i,t}$	$W_{i,t}^2$	$W_{i,t+1}$	$W_{i,t+1}^2$	$W_{i,t} \times W_{i,t+1}$
有色金属矿	采选业	0.1169	0.0137	0.1063	0.0113	0.0124
	冶炼及压延加工业	0.8831	0.7799	0.8937	0.79871	0.7892
	合计	1	0.7936	1	0.8099	0.8017
测算结果		$M_t^+ = 0.9999$　　$\text{arc}M_t^+ = 0.0132$　　$\theta_{2013 \sim 2015} = 1.32°$				

表 9-9 供给侧结构性改革后（2016~2018 年）有色金属矿业 M_t^+ 测算结果

产业类型		t = 2016 年		t + 1 = 2018 年		
		$W_{i,t}$	$W_{i,t}^2$	$W_{i,t+1}$	$W_{i,t+1}^2$	$W_{i,t} \times W_{i,t+1}$
有色金属矿	采选业	0.1073	0.0115	0.0686	0.0047	0.0074
	冶炼及压延加工业	0.8927	0.7969	0.9314	0.8675	0.8315
	合计	1	0.8084	1	0.8722	0.8388
测算结果		$M_t^+ = 0.9989$　　$\text{arc}M_t^+ = 0.0461$　　$\theta_{2016 \sim 2018} = 4.61°$				

表 9-10 供给侧结构性改革前后（2013~2018 年）有色金属矿业 M_t^+ 测算结果

产业类型		t = 2013 年		t + 1 = 2018 年		
		$W_{i,t}$	$W_{i,t}^2$	$W_{i,t+1}$	$W_{i,t+1}^2$	$W_{i,t} \times W_{i,t+1}$
有色金属矿	采选业	0.1169	0.0137	0.0686	0.0047	0.008
	冶炼及压延加工业	0.8831	0.7799	0.9314	0.8675	0.8225
	合计	1	0.7936	1	0.8722	0.8306
测算结果		$M_t^+ = 0.9983$　　$\text{arc}M_t^+ = 0.0581$　　$\theta_{2013 \sim 2018} = 5.81°$				

从表 9 - 5 至表 9 - 10 测算结果来看，黑色金属矿业和有色金属矿业 Moore 结构变化值均趋向于 1，黑色金属矿业的 Moore 结构变化值在供给侧结构性改革前为 0.9999，在供给侧结构性改革后为 0.9986；有色金属矿业 Moore 结构变化值在供给侧结构性改革前为 0.9999，在供给侧结构性改革后为 0.9989。黑色金属矿业和有色金属矿业矢量夹角值呈现明显增长趋势，黑色金属矿在供给侧结构性改革前矢量夹角 θ 值为 1.45°，在供给侧结构性改革后的 θ 值为 5.35°；有色金属矿在供给侧结构性改革前矢量夹角 θ 值为 1.32°，在供给侧结构性改革后的 θ 值为 4.61°。

由此，通过升级速率的测算，发现供给侧结构性改革后黑色金属矿和有色金属矿的产业升级均有了明显提升，且黑色金属矿比有色金属矿升级相对更快些。

9.3.3 产业升级程度测算及与有色金属产业升级程度对比分析

依据第 4 章式（4 - 7）、式（4 - 8），测算 2013 ~ 2018 年黑色金属、有色金属产业升级高度值，测算结果如表 9 - 11 和表 9 - 12 所示。

表 9 - 11　　　　　　　2013 ~ 2018 年黑色金属产业升级高度值

产业类型	指标	供给侧结构性改革前（2013 ~ 2015 年）			供给侧结构性改革后（2016 ~ 2018 年）		
		2013 年	2014 年	2015 年	2016 年	2017 年	2018 年
采选业	升级高度值（%）	15.78	15.32	13.05	13.39	12.52	7.8
	平均值（%）	14.72			11.24		
冶炼及压延加工业	升级高度值（%）	162.53	164.79	158.92	175.53	211.88	258.29
	平均值（%）	162.08			215.23		
黑色金属矿产业	升级高度值（%）	178.31	180.11	171.98	188.92	224.4	266.09
	平均值（%）	176.8			226.47		

表 9 – 12   2013～2018 年有色金属产业升级高度值

产业类型	指标	供给侧结构性改革前（2013～2015 年）			供给侧结构性改革后（2016～2018 年）		
		2013 年	2014 年	2015 年	2016 年	2017 年	2018 年
采选业	升级高度值（%）	13	12.83	12.97	15.64	11.74	9.57
	平均值（%）	12.93			12.32		
冶炼及压延加工业	升级高度值（%）	200.56	216.16	225.91	246.25	231.31	271.29
	平均值（%）	214.21			249.62		
有色金属矿产业	升级高度值（%）	213.57	228.99	238.87	261.89	243.05	280.86
	平均值（%）	227.14			261.93		

由表 9 – 11、表 9 – 12 可知，金属矿业前端正在改革调整，升级高度值有一定波动，黑色金属矿采选业产业升级高度值在供给侧结构性改革前的平均值为 14.72%，而在供给侧结构性改革后的平均值为 11.24%；有色金属矿采选业产业升级高度值在供给侧结构性改革前的平均值为 12.93%，而在供给侧结构性改革后的平均值为 12.32%。金属矿业后端供给侧结构性改革后的升级高度值要高于供给侧结构性改革前，冶炼及压延加工业产业升级高度值在供给侧结构性改革前的平均值为 162.08%，而在供给侧结构性改革后的平均值为 215.23%；有色金属矿冶炼及压延加工业产业升级高度值在供给侧结构性改革前的平均值为 214.21%，而在供给侧结构性改革后的平均值为 249.62%。反映金属矿业后端升级程度急速上升，并向着更高层次发展，改革成效显著。

9.4 结论与启示

9.4.1 结 论

本章基于供给侧结构性改革背景下金属矿业产业升级问题，首次将产业价值链纳入分析框架，界定了前端后端，构建了金属矿采选业、冶炼及压延加工业产业升级效果的理论模型与实证检验，同时考察了黑色金属矿与有色金属矿，区分了产业类型，极大地拓展了已有的研究框架，有助于厘清供给侧结构性改革对不同金属矿业产业升级的影响。研究发现：（1）无论黑色金属矿业还是有色金属矿业，供给侧结构性改革后产业升级方向、速度和程度呈现的各项指标均要优于供给侧结构性改革前，说明供给侧结构性改革取得明显成效。（2）从产业升级方向、速度和程度看，冶炼及压延加工业测算的各项指标均要优于采选业，说明黑色金属矿、有色金属矿产业结构均经历了从低级阶段向高级阶段演变的过程，各种资源和生产要素不断流向劳动生产率高的部门，产业升级朝着供给侧结构性改革目标方向发展。

9.4.2 启示

根据上述研究结论，主要得到以下政策启示。

（1）对于黑色金属矿业来说，由于矿种少，改革的难度较小，相比有色金属矿业来说，黑色金属矿业前端采选业和后端冶炼及压延加工业在供给侧结构性改革后都要更快，更好。但相应的产业结构超前系数、产业升级程度都还有很大上升空间，因此需要强化市场去产能机制作用，继续推动矿业供给侧结构性改革，采取有效举措加快高附加值的冶炼及压延加工业转型升级步伐。

（2）对于有色金属矿业来说，由于矿种多，供给侧结构性改革速度、程度上有点缓慢，因此需要结合有色金属矿业的特征，使前端采选业供给质量不断提高，结构不断优化，尤其针对急缺矿种，需要加强海外开发力度，为国内供给侧结构性改革提供更加充裕的时间。后端冶炼及压延加工业有效供给不断增加，供给质量不断提高，需要引领一批骨干企业加快推进深化改革，大力发展高端有色金属新材料，加大后端超前发展，加快升级发展速度。

9.5 本章小结

　　本章为量度供给侧结构性改革背景下金属矿业产业升级效果，基于已有文献，运用产业结构超前系数、Moore 结构变化值、产业升级高度值构建了反映产业升级方向、速率和程度的测算模型，并利用2013～2018年数据测算了供给侧结构性改革前后黑色金属矿业产业结构的升级情况。结果表明：（1）通过升级方向测算，发现黑色金属矿业供给侧结构性改革后的超前系数高于改革前，且冶炼及压延加工业高于采选业。（2）通过升级速率测算，发现供给侧结构性改革后黑色金属矿产业结构有了明显提升。黑色金属矿供给侧结构性改革后的 Moore 值接近于1；黑色金属矿矢量夹角由 1.45°增加到5.35°。（3）通过升级程度测算，发现产业升级高度值基本呈现逐年递增的趋势，表明黑色金属矿业结构经历了从低级向高级阶段演变的过程。在测算结果的基础上，提出了相关政策建议。

第 10 章

中国战略性矿产资源产业升级效果影响因素研究

10.1 产业升级影响因素研究进展

产业升级是个复杂的问题，影响产业升级的因素更是不胜枚举。有政府行为影响（付凌晖，2010；宋宝琳，2018；李晓华，2010；张国庆，2020；李紫薇和董长贵，2021；高玉胭，2022）、金融结构影响（马微，2019；刘姝璠等，2021；王文倩和张羽，2022）、资源禀赋影响（杨艳琳和许淑嫱，2010），外商直接投资（FDI）的影响（顾永红和胡汉辉，2007；郑澎，2009；章志华等，2021）和环境规制影响（钟茂初，2015；阮陆宁，2017；谢云飞等，2021；汪发元和何智励，2022）等因素。也有学者针对行业（綦良群，2011；熊立春，2018）、省份（林晶和吴赐联，2014；王茂祥等，2017；李毓等，2020）这两个产业升级的影响因素进行分析。另有学者运用 QCA 方法研究发现多个因素如人力资本、科技创新水平等对产业升级具有综合作用（章文光和王耀辉，2018）。

目前大部分学者的研究成果主要集中在经济发展水平、固定资产投资、技术创新、劳动力水平、对外贸易等方面，具体如下所示。

（1）经济发展水平。产业升级最本质的意义在于促进地区经济发展，而地区发展水平对于产业升级也具有重要的影响。一定程度上地区产业升级与经济发展存在一致性。地区经济发展水平受众多因素的影响，这些因素往往通过改变要素投入成本来影响产业运行（刘建民等，2015）。

（2）固定资产投资往往可以表现一个地区的资本状况。资本是劳动对象和劳动资料的价值形态，它直接构成了产业运行的成本。就产业升级而言，固定资产投资具有双重特征，一方面，固定资产投资既是当期需求因素，同时也为下期创造供给，是实现产业升级的原动力之一；另一方面，流向传统产业的固定资产投资，有可能延缓低效率产业淘汰的进程，减弱市场机制对地区经济中产业"新陈代谢"的效果，成为地区产业升级的阻碍。因此，调节投资结构，发挥固定资产投资在产业升级中的积极作用意义重大。

（3）技术创新。科技是第一生产力。广义上看，技术创新作为一种投入要素，对于产业升级产生最直接的影响。一方面，技术创新需要劳动力、资本等资源的支撑。从整个过程来看，技术创新具有一定的系统性。地区层面的技术创新更加强调其整体创新能力，这包括创新所需基础设施的建设、创新人才的培养、制度的完善以及创新成果的转化、推广，技术的完善及创新的深化，这些过程都需要庞大研发（R&D）投入的支撑。而且，不是所有创新都能立即促进产业发展。创新必然要承担相应的风险，这也是地区技术创新机会成本的重要组成部分。因此，要素投入的方向和配置的比例都能够对产业地区创新能力产生重大影响。另一方面，技术创新能够改变其他要素投入方式从而影响经济运行的效率。地区技术创新的能力在很大程度上又决定了其在国际分工中的地位和价值获取的能力，从而能够对产业结构产生深远影响。

（4）劳动力水平。劳动力作为经济发展中最基本的要素之一，对地区的产业升级起到重要的支撑作用。人是社会生产的主体，劳动力结构的转变和劳动力素质的提升是产业升级的主要目的之一。一方面，人是产业升级成果的最终受益主体，因此产业升级的方向必然受到地区居民从需求、供给等多角度诉求的影响。一定意义上，只有顺应地区发展诉求的产业升级才能够顺利地进行下去。另一方面，劳动力以更合理的方式进行配置本身就是产业运行效率提升的重要表现。

（5）对外贸易。对外开放实现了国际与国内市场的沟通，是促进产品与投入要素全球流动的重要保障，因此对外贸易具有调节交易成本的属性。对外贸易对地区产业升级的影响首先体现在其对国内外要素的配置上。在经济全球化的背景之下，产业升级不仅受到国内因素的制约，同时也受到国际因素的影响。对外贸易水平的提升一方面可以促进产品和要素在国际范围内流动，实现各地区互惠互利，提升地区要素配置效率。另一方面也可以深化国际分工，突出地区比较优势，以直接或间接的方式从技术外溢和国际市场效应中受益，从而促进地区产业运行技术效率的提升，实现地区产业升级。

以上影响因素为后文提供了一定的研究参考，本书将选取经济发展水平、劳动力、技术水平、固定资产投资等作为产业升级影响因素的具体指标。

10.2 模型构建与变量度量

10.2.1 模型构建

以产业升级高度值作为被解释变量，考虑劳动生产率这一思想测算产业升级的高度值（刘伟等，2008），利用该指标衡量产业升级程度。具体计算公式见第4章式（4-8）、式（4-9）。普通最小二乘法（OLS）在误差估计、不确定度、系统辨识及预测、预报等数据处理众多学科领域得到了广泛应用。其优点是利用最小二乘法能简便地求得未知的数据，并使这些求得的数据与实际数据之间误差的平方和最小；缺点是该方法是线性估计，已经默认了是线性的关系，使用有一定局限性。本章通过最小二乘法设置实证模型。

$$\ln(\text{HIU}_{ipt}) = \beta_0 + \beta_1 \ln(\text{RD}_{ipt}) + \beta_2 \ln(\text{NPA}_{ipt}) + \beta_3 \ln(\text{NEC}_{ipt}) + \beta_3 \ln(\text{perGDP}_{ipt})$$
$$+ \beta_5 \ln(\text{FV}_{ipt}) + \beta_6 \ln(\text{EP}_{ipt}) + \beta_7 \text{QY}_{ipt} + \varepsilon_{ipt} \qquad (10-1)$$

其中，HIU_{ipt} 为 i 产业 p 省份 t 时期产业升级高度值；RD_{ipt} 为研发内部经费支出；NPA_{ipt} 为技术产出效果；NEC_{ipt} 为能源投入；perGDP_{ipt} 为人均 GDP；FV_{ipt} 为固定资产投资额；EP_{ipt} 为从业人数；QY_{ipt} 为区域虚拟变量。

10.2.2　变量度量

（1）被解释变量。

目前主要采用产业结构超前系数、Moore 结构变化值、产业结构变动值和产业升级高度值刻画产业升级情况。而产业升级高度值能系统测度有色金属采选业、冶炼及压延加工业之间的相对结构变化，全面客观描述产业结构优化程度（唐湛和黎红梅，2017）。因此，本书运用产业升级高度值指标进行测度，将测度值作为被解释变量值。

（2）解释变量。

根据 10.1 章节产业升级影响因素的文献，将从经济发展水平、劳动力、技术水平、固定资产投资等角度选择影响产业升级的具体指标，并对它们做出相应的处理，主要包括宏观经济和行业因素。

宏观经济因素主要通过人均 GDP、能源消耗、研发投入、专利授权数等指标来体现。人均 GDP 反映经济发展水平对有色金属产业升级的推动作用（朱宝琳等，2018）；有色金属产业耗能较大，能源消耗情况可以较好反映其升级程度（刘建民等，2015）；地区研发投入越多，专利授权数越多，对当地有色金属产业升级的外溢效应越明显（郭晓丹和何文韬，2011）。

行业因素主要包括固定资产投资额、从业人数等指标。固定资产投资额越高，设备更新速率越快，对产业升级作用越大（唐湛和黎红梅，2017）；从业人数越高，生产智能化水平越低，往往不利于产业升级（姜钰和许馨，2016）。同时，控制了区域变量，东部＝1、东北＝2、中部＝3、西部＝4，变量类型、符号及度量如表10－1所示。

表10－1 变量类型、符号及度量

变量类型	变量名称	变量符号	含义	指标度量
被解释变量	有色金属产业升级高度值	HIU_{ipt}	升级程度	$H_t = \sum_{i=1}^{2} q_{it} \times LP_{it}$
解释变量	研发投入	RD	技术投入水平	RD＝ln（R&D内部经费支出）
	专利授权数	NPA	技术产出水平	NPA＝ln（专利授权数）
控制变量	从业人数	EP	劳动力存量	EP＝ln（年末从业人数）
	能源消耗	NEC	资源利用水平	NEC＝ln（能源消耗）
	人均GDP	perGDP	消费能力	perGDP＝ln（人均国内生产总值）
	固定资产投资	FV	固定资本存量	FV＝ln（固定资产净值）
	区域虚拟变量	QY	区域异质性	东部＝1，东北＝2，中部＝3，西部＝4

 10.3 实证分析

10.3.1 数据来源与说明

由于北京、天津、上海、西藏、宁夏、中国香港地区、中国澳门地区和中国台湾地区统计数据不全，故本书选择的研究样本仅涵盖我国26个省份，研究时间为2002～2019年，数据来源于2003～2020年《中国统计年鉴》《中国工业统计年鉴》和Wind数据库。由于有色金属资源产业的特殊地位及资料收集的全面性，后文实证以我国有色金属产业为研究对象，进行各省测算及影响因素回归分析。

10.3.2 我国不同省份有色金属产业升级效果测度

利用第 4 章式（4 - 3）至式（4 - 6），测算出我国 26 个省份有色金属产业升级方向和速率，结果如表 10 - 2 所示。为动态地系统研究有色金属产业升级效果测算问题，分别对产业前后端升级效果进行了测算分析。具体各省供给侧结构性改革前后的有色金属产业升级变化如附录所示。

表 10 - 2 有色金属矿业产业升级方向和速率测度结果

省份	产业结构超前系数		Moore 结构变化值	θ	K	H
	采选业	冶炼及压延加工业				
浙江	0.35	1.02	1.00	2.74	0.02	200.82
江苏	0.40	1.00	1.00	0.77	0.00	198.02
福建	1.12	0.99	1.00	6.88	0.06	169.99
广东	0.99	1.00	1.00	6.98	0.02	136.76
山东	0.38	1.46	0.79	65.65	0.23	215.19
河北	0.57	1.06	1.00	6.39	0.00	112.94
海南	1.14	0.74	0.83	58.49	0.20	114.73
黑龙江	1.61	0.84	0.82	60.98	0.16	49.32
辽宁	1.33	0.95	1.00	1.67	0.08	118.17
吉林	1.71	0.83	1.00	8.12	0.16	83.10
山西	1.60	0.99	1.00	0.74	0.02	81.37
安徽	0.58	1.03	1.00	4.26	0.03	299.76
江西	0.46	1.10	0.99	10.98	0.07	261.39
河南	0.74	1.11	0.94	34.88	0.10	147.51
湖北	0.39	1.11	0.99	13.65	0.08	164.26
湖南	0.93	1.01	1.00	8.59	0.02	130.18
内蒙古	1.17	0.96	0.99	11.73	0.10	149.92
广西	0.56	1.19	0.98	22.06	0.20	114.72

续表

省份	产业结构超前系数		Moore 结构变化值	θ	K	H
	采选业	冶炼及压延加工业				
重庆	(0.01)	1.14	0.99	12.59	0.12	137.45
四川	1.92	0.89	1.00	4.70	0.10	119.29
贵州	2.47	0.95	0.99	11.32	0.06	103.22
云南	0.69	1.06	1.00	7.85	0.05	103.33
陕西	0.44	1.51	0.86	52.89	0.23	116.82
甘肃	0.37	1.06	1.00	6.97	0.04	197.71
青海	1.17	0.96	0.99	13.07	0.19	135.01
新疆	1.45	0.90	0.99	13.38	0.30	120.89
平均	0.94	1.03	0.97	17.24	0.10	145.46

由表 10-2 可知：（1）从升级方向来看，超过 50% 的省份的有色金属采选业产业结构超前系数小于 1，而冶炼及压延加工业仅占 42.31%；冶炼及压延加工业产业结构超前系数值平均为 1.03，高于采选业。表明有色金属产业总体由低附加值向高附加值产业方向升级。（2）从升级速率来看，当前有色金属产业升级速率较快的 5 个省份依次为新疆、山东、陕西、广西和海南，年均变动率分别为 0.30、0.23、0.23、0.20 和0.20。总体来看，中国有色金属产业升级方向和速率均呈现较好的趋势。

10.3.3 变量描述性统计

从表 10-3 可见，产业升级效果的平均值为 4.659，标准差为 0.875，极大值和极小值之间差异较大，整体离散程度较好。研发投入的平均值为 4.374，极大值为 7.531，极小值为 0.344，专利授权数的平均值为9.046，极大值为 12.635，极小值为 4.575，说明我国研发投入、专利授权数整体处于较高水平，但区域不平衡现象依然存在。本章在回归前对所有样本数据进行上下 1% 的缩尾处理，以消除样本可能存在极端值所带来的影响。其他控制变量离散程度也均较好。样本省份中约有 26.92% 的省份为东部地区，11.54%的省份为东北地区，23.08%的省份为中部地区，38.46%的省份为西部地区。总体来看，样本具有较好的代表性。

表 10 - 3　　　　　　　　　　　变量描述性统计

变量符号	平均值	标准差	极小值	极大值
HIU_{ipt}	4.659	0.875	2.462	6.203
RD	4.374	1.547	0.344	7.531
NPA	9.046	1.690	4.575	12.635
EP	1.704	1.067	-2.408	3.350
NEC	1.119	0.623	0.330	3.480
perGDP	10.161	0.736	8.528	11.582
FV	5.054	1.380	-0.163	7.551
QY	2.731	1.228	1	4

10.3.4　相关性分析

主要解释变量的相关系数如表 10 - 4 所示。从表 10 - 4 可见，相关系数整体偏小；方差膨胀因子（VIF）均在 [0, 10] 区间内，表明各变量间不存在多重共线性，可以进行多元回归分析。

表 10 - 4　　　　　　　　　　　相关性分析

解释变量	RD	NPA	NEC	perGDP	FV	EP	QY
RD	1.000						
NPA	0.910	1.000					
NEC	-0.631	-0.731	1.000				
perGDP	0.717	0.761	-0.687	1.000			
FV	0.581	0.524	-0.236	0.472	1.000		
EP	0.559	0.452	-0.117	0.167	0.816	1.000	
QY	-0.389	-0.411	0.371	-0.315	0.217	0.125	1.000
VIF	7.96	8.17	2.62	4.85	6.63	6.05	1.90
1/VIF	0.13	0.12	0.38	0.21	0.15	0.17	0.53

10.3.5 回归分析

F 检验和 BP – LM 检验结果表明，固定效应模型要优于混合效应模型和随机效应模型，因此本章适合个体固定效应模型。借助 Stata15.1 软件，对全样本和不同地区样本的影响因素进行回归分析，结果如表 10 – 5 所示。

表 10 – 5　　　　中国有色金属产业升级效果影响因素回归结果

变量	(1)全样本模型	(2)东部模型	(3)东北部模型	(4)中部模型	(5)西部模型
RD	0.146 *** (3.31)	0.078 * (1.75)	0.181 *** (4.03)	0.297 *** (3.80)	0.154 *** (3.63)
NPA	0.155 *** (3.41)	0.065 * (1.47)	0.235 ** (2.98)	0.401 *** (5.93)	0.116 *** (3.20)
NEC	−0.706 *** (−8.05)	0.054 (0.54)	0.481 (1.00)	−0.775 *** (−9.08)	0.0235 (0.37)
perGDP	0.891 *** (5.95)	1.098 *** (10.08)	1.430 ** (3.10)	−0.086 (−1.85)	0.458 *** (6.88)
FV	0.199 ** (3.96)	0.130 ** (3.16)	0.205 ** (3.19)	0.331 *** (3.85)	0.514 *** (10.21)
EP	−0.287 *** (−3.45)	−0.206 *** (−2.87)	−0.196 *** (−2.57)	−0.419 *** (−3.72)	−0.387 *** (−6.26)
常数项	−4.884 *** (−4.40)	−6.325 *** (−7.02)	−11.60 *** (−2.73)	2.126 ** (1.97)	−1.979 *** (−3.09)
QY	控制	控制	控制	控制	控制
F 统计量	208.35 ***	171.70 ***	73 ***	96.12 ***	191.81 ***
Adj R-squared	0.9080	0.8912	0.9031	0.8421	0.8495
观测值	468	126	54	108	180

注：*** 、** 、* 分别表示 t 检验值在 1%、5% 和 10% 的水平上显著。

表 10 – 5 中第（1）列是全样本回归，研发投入、专利授权数、固定资产投资在 1% 显著水平下对产业升级具有正效应，但从业人员负向影响了产业升级；格兰杰因果关系检验表明人均 GDP 与产业升级互为因果关

系；能源消耗对产业升级影响并不显著。地区研发投入越大，专利授权数越多；固定资产投入越大，对设备更新越快，这些均对有色金属产业升级起着推动作用。从业人员越多，尤其低层次从业人员越多，越不利于产业升级。表 10 – 5 中第（2）~第（5）列是分地区样本回归，结果表明研发投入、专利授权数对东部地区影响明显，具有正效应，但边际效应较小，而东北部、西部和中部地区边际效应依次增加。东部地区经济发展较好，具有更好的经济实力，为研发投资创新奠定了雄厚的经济基础，进而该地区产业升级效应更明显。能源消耗对东部、东北部、西部地区产业升级作用不显著，对中部地区具有负效应。东部、东北部、西部地区经济发展与产业升级达到了有效匹配，而中部地区呈现不匹配甚至负效应。固定资产投资在东部、东北部、中部、西部地区均在 1% 显著水平下对产业升级具有正效应但系数大小依次增加；从业人员则负向影响了产业升级。可见，各种不同投入要素对各地区产业升级存在异质性。

10.3.6 稳健性检验

（1）更换核心变量度量方式。

研发投入往往需要相应的科技人员进行匹配才能产生较好的科技创新效果，因此，本章将研发投入替换为科技人员重新进行模型（10 – 1）回归，结果如表 10 – 6 所示。由此可知，变量的显著性水平及符号没有发生变化，结论依然稳健。

表 10 – 6   更换核心变量度量方式的检验结果

变量	(6)全样本模型	(7)东部模型	(8)东北部模型	(9)中部模型	(10)西部模型
RP	0.066 ** (1.76)	0.103 *** (1.94)	0.125 *** (2.06)	0.164 *** (1.88)	0.154 * (3.63)
NPA	0.086 ** (2.30)	0.118 *** (2.72)	0.133 *** (2.94)	0.201 *** (2.81)	0.057 * (1.73)

变量	(6)全样本模型	(7)东部模型	(8)东北部模型	(9)中部模型	(10)西部模型
NEC	-0.537^{***} (-6.59)	-0.091 (-1.04)	0.337 (0.69)	-0.829^{***} (-9.00)	-0.040 (-0.62)
perGDP	1.082^{***} (7.88)	1.089^{***} (10.87)	1.327^{***} (2.81)	0.536^{***} (3.47)	0.458^{***} (6.88)
FV	0.199^{***} (4.09)	0.134^{***} (3.38)	0.181^{***} (2.85)	0.326^{***} (3.60)	0.514^{***} (10.21)
EP	-0.269^{***} (-3.52)	-0.153^{***} (-2.55)	-0.122^{***} (-2.20)	-0.417^{***} (-3.48)	-0.387^{***} (-6.26)
常数项	-6.810^{***} (-6.41)	-6.845^{***} (-8.38)	-10.082^{***} (-2.21)	-1.889^{**} (-2.09)	-1.979^{***} (-3.09)
QY	控制	控制	控制	控制	控制
F 统计量	231.03^{***}	177.30^{***}	74.09^{***}	85.45^{***}	181.63^{***}
Adj R-squared	0.9031	0.8943	0.8922	0.8256	0.8424
观测值	468	126	54	108	180

注：***、**、*分别表示 t 检验值在 1%、5% 和 10% 的水平上显著。

（2）内生性问题。

选取滞后一期的研发投入作为工具变量，剔除可能存在的部分内生性，利用两阶段最小二乘法（2SLS）对模型（10 - 1）重新检验，回归结果如表 10 - 7 所示。可以看出，所有系数的正负显著性与之前研究结果完全吻合，说明剔除可能存在的部分内生性后，仍不影响本章研究结论。

表 10 - 7　　　　　　　　　　两阶段最小二乘法回归结果

变量	(11)全样本模型	(12)东部模型	(13)东北部模型	(14)中部模型	(15)西部模型
RD_{-1}	0.357^{***} (3.17)	0.226^{***} (2.93)	0.179^{*} (1.72)	0.145^{***} (1.87)	0.090^{***} (2.13)
NPA	0.167^{***} (2.47)	0.019^{*} (1.75)	0.118^{*} (1.93)	0.018^{*} (1.72)	0.317^{***} (3.09)
NEC	-0.414^{*} (-3.51)	0.063 (0.80)	-0.845 (-9.41)	-0.314^{***} (-3.41)	0.054 (0.44)

续表

变量	(11)全样本模型	(12)东部模型	(13)东北部模型	(14)中部模型	(15)西部模型
perGDP	0.983 *** (7.53)	1.104 *** (9.30)	1.593 *** (2.96)	1.006 *** (8.27)	0.450 *** (6.78)
FV	0.189 *** (3.92)	0.150 *** (3.60)	0.201 *** (3.03)	0.309 *** (3.69)	0.462 *** (9.50)
EP	−0.284 *** (−3.31)	−0.097 *** (−1.73)	−0.297 *** (−3.73)	−0.404 *** (−3.68)	−0.322 *** (−5.27)
常数项	−5.559 *** (−5.60)	−6.611 *** (−6.59)	−13.413 *** (−2.68)	2.613 *** (2.33)	−1.831 ** (−2.75)
QY	控制	控制	控制	控制	控制
观测值	442	119	51	102	170

注: *** 、 ** 、 * 分别表示 t 检验值在 1%、5% 和 10% 的水平上显著。

10.4 结论与对策建议

10.4.1 结论

本章基于 2002～2019 年 26 个省份有色金属产业数据，运用产业结构超前系数、Moore 结构变化值及升级高度值分别测算各省份有色金属产业的升级方向、速率及程度，并分别对产业前后端升级效果进行分析，主要结论如下所示。

（1）中国有色金属产业 2002～2019 年产业升级过程明显，但步伐缓慢。产业升级方向和速率均呈现较好的趋势，冶炼及压延加工业产业结构超前系数值平均为 1.03，高于采选业，有色金属产业总体朝着由低附加值向高附加值产业方向升级；Moore 结构变化值、夹角 θ 值计算结果显示，当前有色金属产业升级速率较快的五个省份依次为新疆、山东、陕西、广西和海南，年均变动率分别为 0.30、0.23、0.23、0.20 和 0.20。

（2）各投入要素对产业升级的影响不同。全样本回归结果表明：研发投入、专利授权数和固定资产投资对产业升级具有正效应；但从业人员出现负向影响；人均 GDP 与产业升级互为因果关系；能源消耗对升级影响并不显著。

（3）各投入要素对产业升级的影响存在省份异质性。分区域实证结果表明：研发投入、专利授权数对东部地区产业升级具有正效应但边际效应更小，而对东北部、西部和中部地区边际效应依次增加；能源消耗只对中部地区产业升级具有负效应，对东部、东北部、西部地区不显著；人均 GDP 与东部、东北部、西部地区产业升级有效匹配，与中部地区不匹配并呈现负效应；固定资产投资在东部、东北部、中部、西部地区对产业升级具有正效应但系数大小依次增加；从业人员负向影响了产业升级。分省份结果表明：研发投入、专利授权数对山西、安徽、贵州、云南、青海等地区产业升级的正效应较强；能源消耗只对安徽、湖北、湖南等地区产业升级的负效应较强；人均 GDP 与浙江、江苏、福建、山东、河北、山西、内蒙古、广西、重庆、四川等地区产业升级正向匹配；固定资产投资在浙江、福建、广东等地区产业升级的正效应较强；从业人员对江苏、河北、海南、吉林、山西、广西、重庆、贵州等地区产业升级的负效应较强。限于篇幅，本章未对实证回归结果作报告。

10.4.2　对策建议

基于上述结论，提出以下三个方面建议。

（1）总体来看。有色金属产业升级步伐缓慢，建议进一步推进市场去产能机制，加快推进产能置换和淘汰落后产能，以促进产业转型升级，实现高质量发展；以提高产品质量和科技含量为目标，加强科研投入，提高精深加工水平；及时更新陈旧设备，进一步加大先进设备投资；降低从业人员数量，同时注重工艺转向智能化、柔性化、精细化及绿色化发展，以提高全要素生产率，促进有色金属产业碳减排目标的实现。

（2）分区域来看。东部地区因基础较好，建议加大高、精、尖产品研发，使其边际效应增大；西部地区需要加大固定资产投资力度并提高投入产出效率；能源消耗大的东北部地区、中部地区应加大节能减排力度，调整优化能源消费结构。

（3）分省份来看。浙江、广东等地区发展较快，建议发展交通运输、高端制造和其他领域有色金属新材料；云南、广西、重庆等地区加大数字化矿山投资建设力度；吉林、黑龙江、江西、湖北等地区应加大绿色化冶炼技术开发及资源回收利用力度。

10.5 本章小结

本章主要是利用第 4 章建立的测算模型，基于 2002～2019 年我国 26 个省份有色金属产业数据，分别测算各省份有色金属产业升级方向、速率及程度，对产业前后端升级效果进行分析，并采用面板 OLS 方法实证分析其影响因素。结果表明：（1）冶炼及压延加工业产业结构超前系数值平均为 1.03，高于采选业，凸显出有色金属产业总体由低附加值向高附加值方向升级趋势。（2）有色金属产业升级速率较快的五个省份依次为新疆、山东、陕西、广西和海南。（3）研发投入、专利授权数、固定资产投资和从业人数是影响有色金属产业升级的主要因素，且存在省份异质性。

参 考 文 献

[1] ［美］罗斯托. 从起飞进入持续增长的经济学 ［M］. 贺力平译，成都：四川人民出版社，1988.

[2] ［美］罗斯托. 经济成长的阶段 ［M］. 郭熙保译，北京：商务印书馆，1985.

[3] ［美］赫尔曼·戴利. 超越增长——可持续发展的经济学 ［M］. 诸大建等译. 上海：上海译文出版社，2006：178 –179.

[4] ［美］迈克尔·波特. 国家竞争优势 ［M］. 李明轩译，北京：华夏出版社，2002：27 –30.

[5] 安忠瑾，宫巨宏. OEM 视角下我国制造业产业升级能力的研究 ［J］. 东南大学学报（哲学社会科学版），2016，18 （6）：77 –79.

[6] 白清媛. 黑色金属上市公司环境会计信息披露影响因素研究 ［D］. 北京：中国地质大学，2016.

[7] 标普全球市场财智. Commodities ［EB/OL］. ［2020 –09 –30］.

[8] 卜咪咪. 黑色金属产业链企业套期保值研究 ［D］. 保定：河北金融学院，2018.

[9] 曾涛. 中国铜资源供应安全预警研究 ［D］. 北京：中国地质大学，2020.

[10] 陈芳，张坤. 金属资源产业绿色转型动力机制和政策仿真研究 ［J］. 生态经济，2020，36 （6）：68 –72.

[11] 陈静，叶文振. 产业结构优化水平的度量及其影响因素分

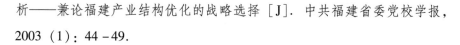

析——兼论福建产业结构优化的战略选择 [J]. 中共福建省委党校学报，2003（1）：44 – 49.

［12］陈其慎，张艳飞，邢佳韵，等. 国内外战略性矿产厘定理论与方法 [J]. 地球学报，2021，42（2）：137 – 144.

［13］陈其慎，张艳飞，邢佳韵，等. 矿产资源供应基地评价与供应链调查理论技术方法 [J]. 地球学报，2021，42（2）：159 – 166.

［14］陈其慎. 中国矿业发展趋势及竞争力评价研究 [D]. 北京：中国地质大学，2013.

［15］陈瑞强，陈边防，胡德勇. 推动我国稀有金属产业高质量发展的思考 [J]. 中国有色金属，2020（20）：38 – 41.

［16］陈文翔，周明生. 自主创新、技术引进与产业升级——基于外部性视角的省级面板数据的实证分析 [J]. 云南财经大学学报，2017（4）：34 – 44.

［17］陈羽，邝国良.“产业升级”的理论内核及研究思路述评 [J]. 改革，2009（10）：85 – 89.

［18］陈毓川. 建立我国战略性或关键矿产资源储备制度和体系 [J]. 国土资源，2002（1）：20 – 21.

［19］成金华，朱永光，徐德义，等. 产业结构变化对矿产资源需求的影响研究 [J]. 资源科学，2018（3）：558 – 566.

［20］程春艳. 经济转型背景下中国铝产业发展战略研究 [D]. 北京：中国地质大学，2013.

［21］程如轩，卢二坡. 产业结构优化升级统计指标体系初探 [J]. 中国统计，2001（7）：17 – 18.

［22］程艳霞，彭王城. 湖北省产业升级能力评价与实证分析 [J]. 武汉理工大学学报（信息与管理工程版），2010（2）：301 – 305.

［23］董佳奇. 煤炭企业去杠杆的路径及效果研究——以山西焦化为例 [D]. 郑州：郑州航空工业管理学院，2021.

［24］董菁茹．中国煤炭行业供给侧改革成效研究——基于供需角度［D］．郑州：河南大学，2018．

［25］董延涛，阴秀琦，张艳飞，等．战略性矿产资源高质量开发利用问题与对策［J］．地球学报，2021，42（2）：145-150．

［26］窦宏秀，王震．加快电解铝行业碳达峰助力铝产业绿色低碳发展［J］．轻金属，2021（7）：1-3．

［27］段宏波，唐旭，任凯鹏，等．多模型比较框架下中国天然气消费的中长期发展路径［J］．天然气工业，2021，41（2）：193-201．

［28］樊礼军．中国铜资源供应安全评价研究［D］．北京：中国地质大学，2019．

［29］范振林．中国铁矿资源保障程度研究［J］．矿业研究与开发，2013，33（6）：124-130．

［30］方颖，纪衍，赵杨．中国是否存在"资源诅咒"［J］．世界经济，2011（4）：144-160．

［31］符瑛．全球价值链视角下我国产业集群转型升级影响因素研究［J］．科学管理研究，2016，34（3）：56-59．

［32］付凌晖．我国产业结构高级化与经济增长关系的实证研究［J］．统计研究，2010，27（8）：79-81．

［33］付珊娜，刘昂．制造业产业升级的研究回顾与展望［J］．科学管理研究，2017，35（2）：47-49．

［34］干春晖，郑若谷，余典范．中国产业结构变迁对经济增长和波动的影响［J］．经济研究，2011（5）：4-16，31．

［35］高兰，王登红，熊晓云，等．中国铝土矿资源特征及潜力分析［J］．中国地质，2015，42（4）：853-863．

［36］高芯蕊，王安建．基于"S"规律的中国钢需求预测［J］．地球学报，2010，31（5）：645-652．

［37］高新才，何苑．创新资源型产业发展模式推进系部产业开发

[J]．青年社会科学，2007（4）：50－55．

[38] 高燕．产业升级的测定及制约因素分析 [J]．统计研究，2006（4）：47－49．

[39] 高玉胭．财政分权对产业升级的影响研究 [J]．技术经济与管理研究，2022（5）：95－99．

[40] 高远东，张卫国，阳琴．中国产业结构高级化的影响因素研究 [J]．经济地理，2015，35（6）：96－101，108．

[41] 高芸，蒋雪梅，赵国洪，等．2020 年中国天然气发展述评及 2021 年展望 [J]．天然气技术与经济，2021，15（1）：1－11．

[42] 葛建平，刘佳琦．关键矿产战略国际比较：历史演进与工具选择 [J]．资源科学，2020，42（8）：1464－1476．

[43] 葛永波，曹婷婷，朱蓉．中国黑色金属期货市场分形特征的研究 [J]．价格理论与实践，2019（1）：101－104．

[44] 顾琳，黎敬涛．我国钢铁产业政策调整中固定资产投资预测 [J]．价值工程，2015，10（18）：48－51．

[45] 顾永红，胡汉辉．外商直接投资激励对产业升级影响的分析 [J]．世界经济研究，2007（10）：59－63．

[46] 郭朝先，刘艳红．改革开放四十年我国有色金属工业发展回顾与未来高质量发展之路 [J]．经济研究参考，2018（49）：3－13．

[47] 郭娟，闫卫东，徐曙光，等．中国关键矿产评价标准和清单的探讨 [J]．地球学报，2021，42（2）：151－158．

[48] 郭克莎．我国工业结构升级与国有工业结构调整 [J]．中国工业经济，1999（3）：38－41．

[49] 郭晓蓓．环境规制对制造业结构升级的影响研究 [J]．经济问题探索，2019（8）：148－158．

[50] 郭晓丹，何文韬．战略性新兴产业政府 R&D 补贴信号效应的动态分析 [J]．经济学动态，2011（9）：88－93．

［51］韩见，夏鹏，邢佳韵，等．后疫情时代中国铜资源供应形势分析［J］．地球学报，2021，42（2）：223－228.

［52］韩永辉，黄亮雄，王贤彬．产业政策推动地方产业升级了吗？——基于发展型地方政府的理论解释与实证检验［J］．经济研究，2017（8）：33－48.

［53］黄季焜．农业供给侧结构性改革的关键问题：政府职能和市场作用［J］．中国农村经济，2018（2）：2－14.

［54］黄健柏，兰勇．纵向一体化：结构还是行为？——基于铝工业特性的分析［J］．财经问题研究，2009（9）：37－41.

［55］黄茂兴，李军军．技术选择、产业升级与经济增长［J］．经济研究，2009，44（7）：143－151.

［56］黄群慧．论中国工业的供给侧结构性改革［J］．中国工业经济，2016（9）：5－23.

［57］惠宁，惠炜，白云朴．资源型产业的特征、问题及其发展机制［J］．学术月刊，2013（7）：100－106.

［58］计启迪，刘卫东，陈伟，等．基于产业链的全球铜贸易网络结构研究［J］．地理科学，2021，41（1）：44－54.

［59］贾仓仓，陈绍友．新常态下技术创新对产业结构转型升级的影响——基于2011～2015年省际面板数据的实证检验［J］．科技管理研究，2018（15）：26－31.

［60］贾承造．中国石油工业上游发展面临的挑战与未来科技攻关方向［J］．石油学报，2020，41（12）：1445－1464.

［61］贾康，苏京春．供给侧改革：新供给简明读本［M］．北京：中信出版社，2015.

［62］姜雪薇．中国铁矿行业发展现状及前景分析［J］．中国金属通报，2017（7）：160－161.

［63］姜钰，许馨．黑龙江省林业产业集聚水平及效率测度分析［J］．

林业经济，2016（6）：55－69.

[64] 金碚，吕铁，李晓华. 关于产业结构调整几个问题的探讨 [J]. 经济学动态，2010（8）：15－20.

[65] 靖学青. 上海产业升级测度及评析 [J]. 上海经济研究，2008（6）：53－59.

[66] 李芳琴. 稀有矿产资源经济重要性评估 [J]. 中国矿业，2018，27（11）：56－70.

[67] 李富有，沙春枝，刘希章. 民间投资与产业升级——理论分析与实证检验 [J]. 金融论坛，2020（1）：20－27.

[68] 李海婷. 环境规制对矿业产业结构优化的影响研究综述 [J]. 中国矿业，2020，29（2）：21－25.

[69] 李海婷. 我国矿业产业结构优化研究 [J]. 中国矿业，2020，29（1）：1－11.

[70] 李慧，平芳芳. 装备制造业产业升级程度测量 [J]. 中国科技论坛，2017（2）：80－86.

[71] 李健. 关于我国铝产业发展的思考 [J]. 有色金属加工，2021，50（2）：11－13.

[72] 李军，孙彦彬. 产业结构优化模型及其评价机制研究 [M]. 广州：华南理工大学出版社，2009.

[73] 李鹭光. 中国天然气工业发展回顾与前景展望 [J]. 天然气工业，2021，41（8）：1－11.

[74] 李孥，王建良，刘睿，等. 碳中和目标下天然气产业发展的多情景构想 [J]. 天然气工业，2021，41（2）：183－192.

[75] 李鹏飞，杨丹辉，渠慎宁，等. 稀有矿产资源的战略性评估：基于战略性新兴产业发展的视角 [J]. 中国工业经济，2014（7）：44－57.

[76] 李鹏远，周平，唐金荣，李建武. 中国铜矿资源供应风险识别与评价——基于长周期历史数据分析预测法 [J]. 中国矿业，2019，28

（7）：44-51.

[77] 李松妍. 供给侧改革背景下湖南省矿产资源的优化配置 [J]. 现代矿业，2019，10（10）：5-15.

[78] 李文龙，章羊. 技术创新驱动稀土产业转型升级的实证研究 [J]. 稀土，2018，39（4）：152-158.

[79] 李文龙，章羊. 技术创新与稀土产业转型升级的耦合机理分析 [J]. 科学管理研究，2016，34（6）：61-64.

[80] 李宪海，王丹，吴尚昆. 我国战略性或关键矿产资源评价指标选择：基于美国、欧盟等关键矿产名录的思考 [J]. 中国矿业，2014，23（4）：30-33.

[81] 李晓华. 产业结构演变与产业政策的互动关系 [J]. 学习与探索，2010（1）：139-142.

[82] 李拥军. 关于黑色金属矿采选业固定资产投资情况分析 [J]. 冶金管理，2021（4）：17-20.

[83] 李宇佳，刘笑冰. 北京市林业产业关联和结构升级研究 [J]. 林业经济问题，2019，39（2）：218-224.

[84] 李毓，胡海亚，李浩. 绿色信贷对中国产业升级影响的实证分析——基于中国省级面板数据 [J]. 经济问题，2020（4）：74-86.

[85] 李悦，李平，孔令丞. 产业经济学 [M]. 大连：东北财经大学出版社，2008：115.

[86] 李洲，马野青. 三次产业增加值分解视角下的中国出口技术复杂度——兼评经济开放对产业技术升级的重要性 [J]. 国际贸易问题，2020（1）：1-16.

[87] 李子伦. 产业升级含义及指数构建研究——基于因子分析法的国际比较 [J]. 当代经济科学，2014，36（1）：89-98，127.

[88] 李紫薇，董长贵. 减税降费政策对产业升级的影响研究 [J]. 宏观经济研究，2021（2）：53-59.

［89］梁少伟. 内蒙古包头铝业产业园区发展战略研究［D］. 呼和浩特：内蒙古大学，2012.

［90］林晶，吴赐联. 福建产业升级测度及产业结构优化研究［J］. 科技管理研究，2014（2）：41－44.

［91］林毅夫. 潮涌现象与发展中国家宏观经济理论的重新构建［J］. 经济研究，2007（1）：126－131.

［92］林毅夫. 新结构经济学：反思经济发展与政策的理论框架［M］. 北京：北京大学出版社，2015.

［93］刘超，陈甲斌，胡聪. 矿产资源开发利用上线划定方法与应用研究［J］. 地球学报，2021，42（2）：167－178.

［94］刘朝全，姜学峰，吴谋远，戴家权，陈蕊，张鹏程. 石油市场逐步复苏，能源转型持续推进——全球油气行业 2021 年回顾及 2022 年展望［J］. 国际石油经济，2022，30（1）：2－13.

［95］刘建民，陈霞，吴金光. 湖南省产业结构转型升级的水平测度及其影响因素的实证分析［J］. 湖南社会科学，2015（1）：143－147.

［96］刘丽，任保平. 工资对产业升级的影响——基于中国经济数据的分析［J］. 财经科学，2011，279（2）：36－43.

［97］刘少丽，梁亚楠. 基于产业链视角的中国铝资源贸易现状分析［J］. 轻金属，2019（7）：1－7.

［98］刘姝璠，张荣光，邓江晟. 科技金融、高新技术产业与产业升级［J］. 统计与决策，2021，37（2）：145－149.

［99］刘涛. 浙江省制造业结构升级的测度及其对经济增长的影响研究［D］. 杭州：浙江工商大学，2017.

［100］刘伟，张辉，黄泽华. 中国产业结构高级与工业化进程和地区差异的考察［J］. 经济学动态，2008（11）：4－8.

［101］刘希章，庞加兰. 民间投资对产业升级的影响——基于劳动力转移视角的实证［J］. 管理学刊，2019，32（6）：8－17.

[102] 刘贻玲，郑明贵．基于供给侧结构性改革的黑色和有色金属矿业产业升级效果评价［J］．中国矿业，2021，30（3）：52 - 60.

[103] 刘贻玲，郑明贵．中国有色金属产业升级效果测度及影响因素研究［J］．资源开发与市场，2022，38（6）：726 - 731.

[104] 刘贻玲，郑明贵．中国有色金属产业升级演进研究（1986 ~ 2019）［J］．黄金科学技术，2022，30（4）：632 - 640.

[105] 刘艺璇，贺建风．科技要素投入对产业升级的影响——基于2005 ~ 2016 年中国省际面板数据的实证研究［J］．科技管理研究，2020（4）：173 - 178.

[106] 刘雨蒙，马广鑫．中国铝资源行业现状研究及发展建议［J］．中国矿业，2016，25（8）：53 - 57.

[107] 刘兆顺，尚金城．吉林省矿业产业结构分析与产业结构调整［J］．矿业研究与开发，2006（1）：1 - 6.

[108] 刘志彪，安同良．现代产业经济学［M］．南京：南京大学出版社，2009：5 - 20.

[109] 刘志彪，安同良．中国产业结构演变与经济增长［J］．南京社会科学，2002（1）：1 - 4.

[110] 刘志彪．产业升级的发展效应及其动因分析［J］．南京师大学报（社会科学版），2000（2）：3 - 10.

[111] 刘志迎．现代产业经济学［M］．北京：科学出版社，2010.

[112] 柳群义．基于"S"形模型的全球铜需求分析［J］．中国矿业，2019，28（10）：61 - 68.

[113] 卢晓苹．黑色金属冶炼及压延加工业上市公司环境会计信息披露及其影响因素研究［D］．福州：福建农林大学，2016.

[114] 陆软宁，曾畅，熊玉莹．环境规制能否有效促进产业升级：基于长江经济带的 GMM 分析［J］．江西社会科学，2017，37（5）：104 - 111.

[115] 伦蕊．工业产业结构高度化水平的基本测评［J］．江苏社会

科学，2005（2）：69 – 74.

[116] 罗翔，赖丹. 产业链延伸视角下稀土全产业链效率测度与比较研究——基于三阶段 DEA 模型 [J]. 科学决策，2021（6）：104 – 121.

[117] 马海燕，于孟雨. 产品复杂度、产品密度与产业升级——基于产品空间理论的研究 [J]. 财贸经济，2018，39（3）：123 – 137.

[118] 马洪福，郝寿义. 产业转型升级水平测度及其对劳动生产率的影响——以长江中游城市群 26 个城市为例 [J]. 经济地理，2017，37（10）：116 – 125.

[119] 马健麇，刘兰勇. 中国经济增长与产业结构高级化演变的互动关系研究——基于 1978 ~ 2010 年的数据检验 [J]. 现代经济信息，2014（19）：16 – 20.

[120] 马微，惠宁. 创新驱动发展下的金融结构与产业升级——基于 30 个省份动态面板数据的实证分析 [J]. 经济问题，2019（4）：1 – 9.

[121] 马微，惠宁. 金融结构影响产业升级的内在机制及其门槛效应 [J]. 福建论坛，2019（6）：57 – 65.

[122] 毛琦梁，王菲. 比较优势、可达性与产业升级路径——基于中国地区产品空间的实证分析 [J]. 经济科学，2017（1）：48 – 62.

[123] 欧晓静，李红. 异质性劳动力集聚与产业升级——基于我国地级市面板数据的实证研究 [J]. 城市问题，2021（4）：74 – 86.

[124] 彭红军，周梅华，马静丽. 基于供给侧视角的煤电铝产业链结构优化模型及应用 [J]. 中国矿业，2017，26（1）：29 – 33.

[125] 綦良群，李兴杰. 区域装备制造业产业升级机理及影响因素研究 [J]. 中国软科学，2011（5）：138 – 147.

[126] 屈秋实，王礼茂，王博，向宁. 中国有色金属产业链碳排放及碳减排潜力省际差异 [J]. 资源科学，2021，43（4）：756 – 763.

[127] 任晓娟，范凤岩，柳群义，等. 中国铝土矿的供应安全评价

[J]. 中国矿业, 2019, 28 (7): 52-59.

[128] 邵帅, 范美婷, 杨莉莉. 资源产业依赖如何影响经济发展效率? ——有条件资源诅咒假说的检验及解释 [J]. 管理世界, 2013 (2): 32-63.

[129] 佘欣未, 蒋显全, 谭小东, 等. 中国铝产业的发展现状及展望 [J]. 中国有色金属学报, 2020, 30 (4): 709-718.

[130] 沈镭, 武娜, 钟帅, 等. 经济新常态下中国矿业供给侧改革发展战略研究 [J]. 中国人口·资源与环境, 2017, 27 (7): 8-17.

[131] 宋宝琳, 白士杰, 郭媛. 经济增长、能源消耗与产业升级关系的实证分析 [J]. 统计决策, 2018 (20): 142-144.

[132] 苏东水. 产业经济学 [M]. 北京: 高等教育出版社, 2006.

[133] 孙传尧, 宋振国, 朱阳戈, 等. 中国铜铝铅锌矿产资源开发利用现状及安全供应战略研究 [J]. 中国工程科学, 2019, 21 (1): 133-139.

[134] 孙鹏. 供给学派——萨伊定律的否定之否定 [J]. 内蒙古财经学院学报, 1998 (2): 41-43.

[135] 孙泽龙. YM 集团铝产业发展战略研究 [D]. 郑州: 郑州大学, 2014.

[136] 孙志君. 产业经济学 [M]. 湖北: 武汉大学出版社, 2010: 1-7.

[137] 谭晶荣, 颜敏霞, 邓强, 等. 产业转型升级水平测度及劳动生产效率影响因素估测——以长三角地区 16 个城市为例 [J]. 商业经济与管理, 2012 (5): 72-81.

[138] 唐东波. 贸易开放、垂直专业化分工与产业升级 [J]. 世界经济, 2013, 36 (4): 47-66.

[139] 唐辉亮. 人力资本结构、技术资本配置结构与产业转型升级能力研究 [J]. 中国工业经济, 2015 (2): 106-108.

［140］唐湛，黎红梅．城镇化对林业产业结构优化影响的实证分析［J］．农业现代化研究，2017，38（2）：226－233．

［141］田新民，韩端．产业结构效应的度量与实证——以北京为案例的比较分析［J］．经济学动态，2012（9）：74－82．

［142］田尤，杨为民，申俊峰，曾祥婷．中国铜资源产业形势分析及发展对策建议［J］．资源与产业，2015，17（4）：100－105．

［143］田原，孙慧，李建军．中国资源型产业低碳转型影响因素实证研究——基于 STIRPAT 模型的动态面板数据检验［J］．生态经济，2018（8）：14－18．

［144］屠年松，谢冉，王欣．中国有色金属产业链转型效率研究［J］．中国矿业，2020，29（2）：32－39．

［145］汪发元，何智励．环境规制、绿色创新与产业升级［J］．统计与决策，2022，38（1）：73－76．

［146］王蓓，高芸，胡迤丹，宋维东．2021 年中国天然气发展述评及 2022 年展望［J］．天然气技术与经济，2022，16（1）：1－9．

［147］王登红，王瑞江，孙艳，等．我国三稀（稀有稀土稀散）矿产资源调查研究成果综述［J］．地球学报，2016，37（5）：569－580．

［148］王登红．关键矿产的研究意义、矿种厘定、资源属性、找矿进展、存在问题及主攻方向［J］．地质学报，2019，93（6）：1189－1209．

［149］王登红．战略性关键矿产相关问题探讨［J］．化工矿产地质，2019，41（2）：65－72．

［150］王菲．中国外贸结构与产业结构综合效应关系分析［J］．统计与决策，2011（19）：132－135．

［151］王建友．政策、制度供给视角下的海洋捕捞渔业供给侧结构改革研究［J］．农业经济问题，2019（11）：25－31．

［152］王克岭，姚建文，蒋绍平．产业链视角的云南有色金属产业

可持续发展研究 [J]. 经济问题探索, 2009 (5): 59-64.

[153] 王朗, 沙景华. 内蒙古矿业产业结构动态偏离份额分析 [J]. 矿业研究与开发, 2013, 33 (2): 128-132.

[154] 王磊, 徐涛. 我国产业结构高度化判别及国际比较 [J]. 技术经济与管理研究, 2008 (6): 112-114.

[155] 王茂祥, 施佳敏, 黄建康. 江苏省产业升级测度及优化路径研究 [J]. 管理现代化, 2017 (1): 1-4.

[156] 王瑞江. 关于中国战略性矿产勘查工作若干问题的再思考 [J]. 地质通报, 2009, 28 (7): 817-820.

[157] 王伟. 资源型产业链的演进、治理与升级——以铜陵市铜产业链为例 [J]. 经济地理, 2017, 37 (3): 113-120.

[158] 王文倩, 张羽. 金融结构、产业升级和经济增长——基于不同特征的技术进步视角 [J]. 经济学家, 2022 (2): 118-128.

[159] 王燕东. 2009~2019 年我国铜矿勘查形势分析 [J]. 中国金属通报, 2020 (10): 91-92.

[160] 王一乔, 赵鑫. 金融集聚、技术创新与产业升级: 基于中介效应模型的实证研究 [J]. 经济问题, 2020, 18 (5): 55-62.

[161] 王岳平. 买方市场条件下工业结构的调整与升级 [J]. 管理世界, 1999 (4): 88-97.

[162] 吴崇伯. 论东盟国家的产业升级 [J]. 亚太经济, 1988 (1): 26-30.

[163] 吴达. 我国煤炭产业供给侧改革与发展路径研究 [D]. 北京: 中国地质大学, 2016.

[164] 吴巧生, 周娜, 成金华. 战略性关键矿产资源供给安全研究综述与展望 [J]. 资源科学, 2020, 42 (8): 1439-1451.

[165] 吴尚昆, 安翠娟, 董国明, 等. 我国铜矿资源产业布局与结构调整研究 [J]. 中国矿业, 2011, 20 (10): 9-12.

［166］吴文洁，王晓娟，何艳桃．产业结构变迁对全要素能源效率的影响研究［J］．生态经济，2018，34（4）：119－124．

［167］吴熙群，胡志强，王立刚，等．我国硫化铜矿选矿技术现状及进展［J］．有色金属（选矿部分），2019（5）：9－14．

［168］吴一丁，王雨婷，罗翔．供应链稳定性对我国稀土产业升级的影响研究［J］．工业技术经济，2021，40（1）：42－47．

［169］谢云飞，黄和平，徐斌．环境规制对产业升级的影响研究——以我国2005~2017年省际面板数据为例［J］．城市与环境研究，2021（3）：56－76．

［170］邢佳韵，于汶加，龙涛，等．"一带一路"国家黑色金属、有色金属冶炼加工产业合作优选评价［J］．中国矿业，2017，26（11）：59－64．

［171］熊立春，王凤婷，程宝栋．中国林业产业结构优化及其影响因素分析［J］．农业现代化研究，2018，39（3）：378－386．

［172］徐斌，彭秋松．新中国成立以来矿产资源产业转型发展回顾与展望［J］．企业经济，2021，40（6）：40－50．

［173］徐德云．产业升级形态决定、测度的一个理论解释及验证［J］．财政研究，2008（1）：46－49．

［174］徐康宁，王剑．自然资源丰裕程度与经济发展水平关系的研究［J］．经济研究，2006（1）：78－89．

［175］徐盛华．铝产业链生态化低碳经济发展模式研究［J］．有色金属科学与工程，2012，3（3）：85－89．

［176］许明，杨丹辉．中国稀有矿产资源产业的国际竞争力分析［J］．东南学术，2019（1）：111－122．

［177］许志明，朱金鹤．新时期新疆的资源开发与经济发展质量——基于"资源诅咒"假说的实证研究［J］．新疆大学学报（哲学·人文社会科学版），2022，50（2）：10－19．

[178] 阳立高，谢锐，等．劳动力成本上升对制造业结构升级的影响研究——基于中国制造业细分行业数据的实证分析 [J]．中国软科学，2018 (12)：136-147.

[179] 杨丹辉，张艳芳，李鹏飞．供给侧结构性改革与资源型产业转型发展 [J]．中国人口·资源与环境，2017 (7)：18-24.

[180] 杨丹辉．中国稀土产业发展与政策研究 [M]．北京：中国社会科学出版社，2015.

[181] 杨公朴，干春巧，等．产业经济学 [M]．上海：复旦大学出版社，2005：1-3.

[182] 杨公朴，王玉干，春晖，等．面向21世纪的上海产业结构优化 [J]．财经研究，2001，27 (1)：30-36.

[183] 杨晗，邱晖．产业结构理论的演化和发展研究 [J]．商业经济，2012 (5)：26-27.

[184] 杨建文，周冯埼，等．产业经济学 [M]．上海：学林出版社，2004：1-6.

[185] 杨晓霞．国内外铝工业现状及发展前景 [J]．有色金属加工，2016，45 (1)：4-7，39.

[186] 杨艳琳，许淑嫦．中国中部地区资源环境约束与产业转型研究 [J]．学习与探索，2010 (3)：154-157.

[187] 杨岳清，王登红，等．矿产资源研究所"三稀"矿产研究与找矿实践70年历程——回顾与启示 [J]．矿床地质，2021，40 (4)：655-692.

[188] 姚志毅，张亚斌．全球生产网络下对产业升级的测度 [J]．南开经济研究，2011 (6)：55-65.

[189] 叶旭东．我国煤炭行业去产能面临的挑战及对策建议 [J]．煤炭经济研究，2016 (36)：28-31.

[190] 余东华，李捷，莉婷．供给侧改革背景下中国制造业"高新

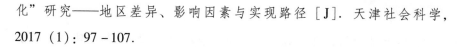

化"研究——地区差异、影响因素与实现路径［J］．天津社会科学，2017（1）：97 – 107．

［191］余淼杰，王宾骆．对外改革，对内开放，促进产业升级［J］．国际经济评论，2014（2）：49 – 60．

［192］余韵，陈甲斌．美国危机矿产研究概况及其启示［J］．国土资源情报，2017（2）：45 – 51．

［193］袁小锋，桂卫华，陈晓方，等．人工智能助力有色金属工业转型升级［J］．中国工程科学，2018，20（4）：59 – 65．

［194］张国庆，李卉．财税政策影响产业升级的理论机制分析——基于地方政府竞争视角［J］．审计与经济研究，2020（6）：105 – 114．

［195］张辉．全球价值链理论与我国产业发展研究［J］．中国工业经济，2004（5）：38 – 46．

［196］张俊，林卿，王江泉．国际分工演进下产业升级的内涵及分类［J］．企业经济，2019，38（2）：140 – 147．

［197］张抗，张立勤，刘冬梅．近年中国油气勘探开发形势及发展建议［J］．石油学报，2022，43（1）：15 – 28．

［198］张其仔．比较优势的演化与中国产业升级路径的选择［J］．中国工业经济，2008（9）：58 – 68．

［199］张硕．后疫情时代全球石油供需格局研究［J］．地球学报，2021，42（2）：273 – 278．

［200］张所续．加快消费结构转型推进能源供给侧结构性改革［J］．中国国土资源经济，2016，29（2）：41 – 43，60．

［201］张所续．矿产资源战略储备与国家安全［J］．中国矿业，2010，19（10）：1 – 4．

［202］张伟．西部地区资源型产业 & 效率研究：基于 DEA 的分析［J］．当代财经，2012（8）：94 – 105．

［203］张艳飞，陈其慎，王高尚．中国钢铁产业合理产能分析［J］．

中国矿业, 2014, 23 (6): 54 - 58.

[204] 张艳飞, 陈其慎, 于汶加, 等. 2015～2040 年全球铁矿石供需趋势分析 [J]. 资源科学, 2015, 37 (5): 921 - 932.

[205] 张艳飞, 郑国栋, 陈其慎, 等. 后疫情时期全球铁矿资源格局分析 [J]. 地球学报, 2021, 42 (2): 209 - 216.

[206] 张玉春, 余炳. 江苏工业结构高度化水平测评研究 [J]. 南京航空航天大学学报 (社会科学版), 2011, 13 (3): 34 - 40.

[207] 张宗勇. 煤炭行业供给侧改革探究 [J]. 煤炭经济研究, 2016 (36): 42 - 46.

[208] 章文光, 王耀辉. 哪些因素影响了产业升级? 基于定性比较分析方法的研究 [J]. 北京师范大学学报 (社会科学版), 2018 (1): 132 - 142.

[209] 章志华, 唐礼智, 孙林. 对外直接投资、金融发展与产业升级 [J]. 国际商务 (对外经济贸易大学学报), 2021 (5): 96 - 109.

[210] 赵立群, 王春女, 张敏, 陈彤, 莫凌超, 王平户. 中国铁矿资源勘查开发现状及供需形势分析 [J]. 地质与勘探, 2020, 56 (3): 635 - 643.

[211] 赵蓉, 赵立祥, 苏映雪. 国内价值链、产品间关联与制造业产业升级——基于要素禀赋视角的探析 [J]. 山西财经大学学报, 2021, 43 (2): 57 - 70.

[212] 赵喜仓, 袁茹. 研发投入、技术创新对产业升级的影响——基于我国省级面板数据的实证分析 [J]. 科技管理研究, 2021, 41 (10): 1 - 7.

[213] 赵一鸣. 中国铁矿资源现状、保证程度和对策 [J]. 地质论评, 2004 (4): 416 - 417.

[214] 喆儒. 产业升级——开放条件下中国的政策选择 [M]. 北京: 中国经济出版社, 2006: 1 - 10.

［215］郑明贵，吴萍，尤碧莹．中国铁矿资源经济安全评价与预警［J］．地质通报，2022，41（5）：836－845．

［216］郑明贵，谢英亮．基于 DEA 模型的我国有色金属工业总体经济效益评价［J］．中国矿业，2012，19（2）：33－36．

［217］郑澎．论外商直接投资对我国产业结构的正负效应［J］．现代财经（天津财经大学学报），2009，29（1）：23－30．

［218］中国国家统计局．铁矿石原矿产量［EB/OL］．［2018－12－20］．

［219］中国有色金属工业协会．2020 年铜资源供需数据［EB/OL］．［2020－03－25］．

［220］中华人民共和国国家统计局．胡汉舟：能源保供成效显著，能源结构持续优化［EB/OL］．（2022－01－18）［2022－01－20］．

［221］中华人民共和国海关总署．进口主要商品量值［EB/OL］．［2018－01－23］．

［222］中华人民共和国海关总署．统计月报［EB/OL］（2022－01－20）［2022－01－22］．

［223］中华人民共和国自然资源部．全国矿产资源规划（2016－2020 年）［EB/OL］．（2016－11－15）［2019－12－15］．

［224］钟茂初，李梦洁，杜威剑．环境规制能否倒逼产业结构调整——基于中国省际面板数据的实证检验［J］．中国人口·资源与环境，2015，25（8）：107－115．

［225］周柯，张斌，谷洲洋．科技创新对产业升级影响的实证研究——基于省级面板数据的实证分析［J］．工业技术经济，2016，35（8）：85－92．

［226］周淑慧，王军，梁严．碳中和背景下中国"十四五"天然气行业发展［J］．天然气工业，2021，41（2）：171－182．

［227］周振华．现代经济增长中的结构效应［M］．上海：上海人民

出版社，1995.

［228］朱清，罗小利 . 新常态下矿产资源开发供给侧改革思考——基于中美两国数据的比较［J］. 国土资源科技管理，2016，33（5）：32 - 36.

［229］朱万春 . 我国能源供给侧结构性改革的现实依据与发展趋向［J］. 中学政治教学参考，2017（6）：75 - 76.

［230］朱卫平，陈林 . 产业升级的内涵与模式研究——以广东产业升级为例［J］. 经济学家，2011（2）：60 - 66.

［231］邹才能，赵群，陈建军，等 . 中国天然气发展态势及战略预判［J］. 天然气工业，2018，38（4）：1 - 11.

［232］Acemoglu, Zilibotti. Productivity differences［J］. NBER Working Paper, 1999（6）：68 - 79.

［233］Ashida M., Hara J., Nagai K. Introduction：Globalization, value chains and development［J］. IdsBulletin, 2010, 32（3）：1 - 8.

［234］Atkinson, Stiglitz. A new of technological change［J］. Economic Journal, 1969（8）：68 - 84.

［235］Auty R. M. Resource - based industrialization：Sowing the oil in eight developing countries［M］. New York：Oxford University Press, 1990.

［236］Barrera - Roldan A., SaldiVar-Valdes A. Proposal and application of a sustainable developme - nt index［J］. Ecological Indicators, 2003, 2（3）：251 - 256.

［237］Behrens A., Giljum S., Kovanda J., et al. The material basis of the global economy：Worldwide patterns of natural resource extraction and their implications for sustainable resource use polic - ies［J］. Ecological Economics, 2007, 64（2）：444 - 453.

［238］Bielecki J. Energy security：Is the wolf at the door?［J］. The Quarterly Review of Economics and Finance, 2002, 42（2）：235 - 250.

［239］Bode C. , Wagner S. M. , Petersen K. J. , et al. Understanding responses to supply chain disruptions: Insights from information processing and resource dependence perspectives ［J］. Academy of Management Journal, 2011, 54 (4): 833 – 856.

［240］Cabalu H. Indicators of security of natural gas supply in Asia ［J］. Energy Policy, 2010, 38 (1): 218 – 225.

［241］Chang W. , Ellinger A. E. , Blackhurst J. A contextual approach to supply chain risk mitigation ［J］. The International Journal of Logistics Management, 2015, 26 (3): 642 – 656.

［242］Chapman A. , Arendorf J. , Castella T. , et al. Study on Critical Raw Materials at EU Level ［EB/OL］. (2017 – 06 – 01) ［2020 – 07 – 08］.

［243］EC. Critical raw materials for the EU: Report of the ad – hoc working group on defining critical raw materials ［R］. Brussels: European Commission: Brussels, 2010.

［244］Erdmann L. , Graedel T. E. Criticality of non – fuel minerals: A review of major approaches and analysis ［J］. Environment Sciences Technology, 2011, 45 (18): 7620 – 7630.

［245］Fisher F. M. , Cootner P. H. , Baily M. N. An econometric model of the world copper industry ［J］. Bell Journal of Economics, 1972, 3 (2): 568 – 609.

［246］Georges D. Security of mineral resources: A new framework for quantitative assessment of criticality ［J］. Resources Policy, 2017, 53: 173 – 189.

［247］Gereffi G. International trade and industrial upgrading in the apparel commodity chain ［J］. Journal of International Economics, 1999, 48 (1): 37 – 70.

［248］Gereffi G. , Pan M. The globalization of Taiwan's garment industry

［C］// Garment Goes Global：The Apparel Industry in the Pacific Rim, 1994.

［249］Gloser S. , Tercero E. L. , Gandenberger C. , et al. Raw material criticality in the context of classical risk assessment ［J］. Resources Policy, 2015, 44：35 － 46.

［250］Graedel T. E. , Barr R. , Chandler C. , et al. Methodology of metal criticality determination ［J］. Environmental Science and Technology, 2012, 46（2）：1063 － 1070.

［251］Graedel T. E. , Harper E. M. , Nassar N T, et al. Criticality of metals and metalloids ［J］. Proceedings of the National Academy of Sciences, 2015, 112（14）：4257 － 4262.

［252］Gulley A. L. , Nassar N. T. , Xun S. China, the United States, and competition for resources that enable emerging technologies ［J］. Proceedings of the National Academy of Sciences of the United States of America, 2018, 115（16）：4111 － 4115.

［253］Habib K. , Hamelin L. , Wenzel H. A dynamic perspective of the geopolitical supply risk of metals ［J］. Journal of Cleaner Production, 2016, 133：850 － 858.

［254］Hatayama H. , Tahara K. Criticality assessment of metals for Japan's resource strategy ［J］. Materials Transactions, 2015, 56（2）：229 － 235.

［255］Hennart J. F. Upstream vertical integration in the aluminium and tin industries：A com － parative study of the choice between market and inter-firm co － ordination ［J］. Journal of Economic Behavior and Organization, 1988, 9（3）：289 － 299.

［256］Hilpert H. G. , Mildner S. A. Fragmentation or cooperation in global resource governance? A comparative analysis of the raw materials strategies of the G20 ［EB/OL］. 2013.

［257］ Hilson G. M. Introduction to this special issue, improving environmental, economic and ethical performance in the mining industry: Part 1: Environmental management and sustainable development ［J］. Journal of Cleaner Production, 2006, 14（4）: 225 – 226.

［258］ Humphrey J. , Schmitz H. How does insertion in global value chains affect upgrading in industrial clusters ［J］. Regional Studies, 2002, 36（9）: 1017 – 1027.

［259］ Humphrey J. , Schmitz H. Governance and up – grading: Linking industrial cluster and global value chain research ［M］. Brighton: Institute of Development Studies. IDS Working Paper No, 2001.

［260］ Jackson T. , Green K. P. Survey of mining companies 2016 ［EB/OL］. （2017 – 02 – 01）［2020 – 07 – 08］.

［261］ Joseph Stiglitz. Growth with exhaustible natural resources: Efficient and optimal growth paths ［J］. The Review of Economic Studies, 1974, 41: 123 – 137.

［262］ Kaldor N. Capital accumulation and economic growth ［M］// FRIEDRICH A LUTZ, D – OUGLAS C HAGUE. The Theory of Capital. New York: St. Martin's Press, 1961: 177 – 222.

［263］ Kaplinsky R. , Morris M. A handbook for value chain research ［M］. Brighton: University of Sussex, Institute of Development Studies, 2001: 25 – 40.

［264］ Krajnc D. , Glavic P. A model for integrated assessment of sustainable development ［J］. Resources, Conservation and Recycling, 2005, 43（2）: 189 – 208.

［265］ Kruyt B. , Vuuren D. P. V. , Vries H. J. M. D. , et al. Indicators for energy security ［J］. Energy Policy, 2009, 37（6）: 2166 – 2181.

［266］ Kuznets Simon. Modern Economic Growth: Findings and Reflections

［J］. American Economic Review, 1973, 63 (3): 829 – 846.

［267］ Kyriakopoulos G. L., Arabatzis G. Electrical energy storage systems in electricity generation: Energy policies, innovative technologies, and regulatory regimes ［J］. Renewable and Sustainable Energy Reviews, 2016, 56: 1044 – 1067.

［268］ Li C., Wang A., Chen X., et al. Regional distribution and sustainable development strategy of mineral resources in China ［J］. Chinese Geographical Science, 2013, 23 (4): 470 – 481.

［269］ Masoudi S. M., Ezzatia E, Rashidnejad – Omran N, et al. Geoeconomics of fluorspar as strategic and critical mineral in Iran ［J］. Resources Policy, 2017, 52: 100 – 106.

［270］ Michaely M. Foreign aid, economic structure, and dependence ［J］. Journal of Development Economics, 2006, 9 (3): 313 – 330.

［271］ Miller, Merton H. The Modigliani – Miller propositions after thirty years ［J］. Journal of Economic Perspectives, 1998, 2 (4): 99 – 120.

［272］ Moore J. R. A Measure of structural change in output ［J］. Review of Income and Wealth, 1978 (24): 105 – 118.

［273］ Mudd G. M., Weng Z., Jowitt S. M. A detailed assessment of global Cu resource trends and endowments ［J］. Economic Geology, 2013, 108 (5): 1163 – 1183.

［274］ Myers S. C. The capital structure puzzle ［J］. Journal of Finance, 1984, 39 (3): 574 – 592.

［275］ Nassar N. T., Barr R., Browning M., et al. Criticality of the geological copper family ［J］. Environmental Science and Technology, 2012, 46 (2): 1071 – 1078.

［276］ Nassar N. T., Graedel T. E., Harper E. M. By – product metals are technologically essential but have problematic supply ［J］. Science

Advances, 2015, 1 (3): 1 – 10.

[277] NRC. Minerals, Critical Minerals, and the U. S. Economy [M]. Washington: National Academies Press, 2008.

[278] Rosenau-Tornow D. , Buchholz P. , Riemann A. , et al. Assessing the long – term supply risks for mineral raw materials: A combined evaluation of past and future trends [J]. Resources Policy, 2009, 34 (4): 161 – 175.

[279] Ruitenbeek H. J. Selection and modeling of sustainable development indicators: A case study of the fraser river basin, british columbia [J]. Ecological Economics, 1999, 28 (1): 117 – 132.

[280] R. M. Solow. Intergenerational equity and exhaustible resources [J]. The Review of Economic Studies, 1974, 41: 29 – 45.

[281] Santos T. M. , Zaratan M. L. Mineral resources accounting: A technique for monitoring the Philippine mining industry for sustainable development [J]. Journal of Asian Earth Sciences, 1997, 15 (2): 155 – 160.

[282] Sarah M. H. , Erin A. M.. Critical mineral: A review of elemental trends in comprehensive criticality [J]. Resources Policy, 2018, 59: 192 – 199.

[283] Shao Y. M. , Yang X. , Wang S. Y. Decomposition of Chinese non – ferrous metal import and export [J]. Systems Engineering – Theory & Practice, 2011, 31 (11): 2088 – 2094.

[284] Shin R. W. , Ho A. Industrial transformation: Interactive decision – making process in creating a global industry (Korea's Electronics Industry) [J]. Public Administration Quarterly, 1997, 21 (2): 143 – 175.

[285] Silva R. C. D. , Neto I. D. M. , Seifert S. S. Electricity supply security and the future role of renewable energy sources in Brazil [J]. Renewable and Sustainable Energy Reviews, 2016, 59 (3): 328 – 341.

[286] Sinding K. Consolidation, fragmentation and the structure of the

mining industry〔J〕. Journal of The South African Institute of Mining and Metallurgy, 2009, 109 (3): 187 – 190.

〔287〕Stuckey J. A. Vertical integration and joint ventures in the aluminum industry〔M〕. Harvard University Press, Cambridge, Mass, 1983.

〔288〕Teece D. J. , Pisano G. P. , Shuen A. , et al. Dynamic capabilities and strategic management〔J〕. Strategic Management Journal, 1997, 18 (7): 509 – 533.

〔289〕Teresa B. Measurement of mineral supply diversity and its importance in assessing risk and criticality〔J〕. Resources Policy, 2018, 58: 202 – 218.

〔290〕Tole L. , Koop G. Estimating the impact on efficiency of the adoption of a voluntary environmental standard: An empirical study of the global copper mining industry〔J〕. Journal of Productivity Analysis, 2013, 39 (1): 35 – 45.

〔291〕Tommelein I. D. , Weissenberger M. More just – in – time location of buffers in structural steel supply and construction〔C〕. Processes. Proceedings IGLC – 7, 1999: 109 – 120.

〔292〕Tommelein, Iris D. Pull – driven scheduling for pipe – spool installation: Simulation of lean construction technique〔J〕. Journal of Construction Engineering and Management, 1998, 124 (4): 279 – 288.

〔293〕UNDP. Human development report 2015: Work for human development〔EB/OL〕. 2015.

〔294〕USGS. Mineral commodity summaries 2019〔EB/OL〕. (2019 – 02 – 28)〔2020 – 07 – 08〕.

〔295〕USGS. Mineral commodity summaries〔EB/OL〕. 2019.

〔296〕Vivoda V. Diversification of oil import sources and energy security: A key strategy or an elusive objective?〔J〕. Energy Policy, 2009,

37 (11): 4615 -4623.

[297] World Bureau of Metal Statistics. World metal statistics year-book 1975 -2019 [M]. Herts: Office for Statistics WBOM, 2019.

[298] Zhang L. , Bai W. , Yu J. , et al. Critical mineral security in China: An evaluation based on hybrid MCDM methods [J]. Sustainability, 2018, DOI: 10. 3390/su10114114.

[299] Zhang Y. J. The impact of financial development on carbon emissions: An empirical analysis in China [J]. Energy Policy, 2011, 39 (4): 2197 -2203.

附录：各省有色金属产业升级效果趋势图（2002～2019年）

2002～2019年各省份有色金属产业超前系数

表1

省份	2002年		2003年		2004年		2005年		2006年		2007年		2008年		2009年		2011年		2012年		2013年		2014年		2015年		2016年		2017年		2018年		2019年	
	CX	YY	CX	YY	CX	YY	CX	YY	CX	YY	CX	YY	CX	YY	CX	YY	CX	YY	CX	YY	CX	YY	CX	YY	CX	YY	CX	YY	CX	YY	CX	YY	CX	YY
浙江	0.85	0.98	0.85	1.01	0.30	1.02	0.66	1.01	0.47	1.01	0.52	1.02	0.50	1.02	0.43	1.02	0.28	1.03	0.33	1.02	0.33	1.02	0.22	1.03	0.20	1.03	0.12	1.03	0.00	1.04	-0.03	1.04	-0.02	1.03
江苏	1.17	1.00	0.93	1.00	0.90	1.00	0.41	1.00	0.69	1.00	0.52	1.00	0.32	1.00	0.30	1.01	0.36	1.00	0.37	1.00	0.29	1.00	0.30	1.01	0.13	1.01	0.24	1.01	-0.01	1.01	0.06	1.01	0.03	1.01
福建	1.26	0.98	1.41	0.97	1.26	0.98	1.34	0.97	1.60	0.97	1.72	0.94	1.80	0.94	1.65	0.94	1.52	0.96	1.31	0.98	1.10	0.99	0.66	1.03	0.46	1.03	0.48	1.04	0.33	1.05	0.32	1.05	0.32	1.05
广东	1.86	0.96	1.26	0.99	1.02	1.00	1.02	1.00	0.85	1.00	1.17	1.01	1.29	0.99	1.09	0.99	1.57	0.97	1.21	0.99	0.97	1.00	0.84	1.00	0.53	1.02	0.36	1.03	0.62	1.02	0.58	1.02	0.33	1.03
山东	1.05	0.96	1.01	0.99	0.68	1.24	0.58	1.32	0.39	1.32	0.34	1.50	0.34	1.50	0.36	1.50	0.28	1.54	0.28	1.54	0.25	1.57	0.20	1.60	0.22	1.58	0.23	1.58	0.21	1.58	0.20	1.60	-0.04	1.78
河北	0.79	1.03	0.39	1.09	0.30	1.10	0.42	1.08	0.71	1.08	0.67	1.05	0.91	1.01	0.67	1.01	0.69	1.05	0.60	1.06	0.63	1.05	0.60	1.06	0.63	1.05	0.57	1.06	0.54	1.07	0.27	1.11	0.27	1.11
海南	0.62	1.71	0.97	1.06	1.24	0.56	1.17	0.69	1.22	0.69	1.32	0.39	1.17	0.69	1.42	0.69	1.08	0.84	1.39	0.27	0.98	1.04	1.09	0.83	1.07	0.83	1.12	0.88	1.13	0.76	0.94	1.11	1.11	0.79
黑龙江	1.17	0.96	1.26	0.93	1.47	0.88	1.58	0.85	1.51	0.85	1.66	0.83	1.14	0.83	0.82	0.97	1.01	1.00	1.97	0.75	2.14	0.71	2.03	0.71	2.07	0.74	1.99	0.73	1.93	0.75	2.93	0.50	2.48	0.54
辽宁	0.99	1.00	1.00	1.00	1.20	0.97	1.23	0.97	1.10	0.97	1.22	0.97	1.32	0.97	1.63	0.96	1.64	0.91	1.59	0.92	1.74	0.90	1.88	0.90	1.87	0.88	0.88	0.88	1.03	1.00	1.08	0.99	0.86	1.02
吉林	1.04	0.99	1.14	0.97	0.49	1.12	1.29	0.93	1.02	0.93	0.99	1.00	1.40	1.00	1.77	0.91	2.29	0.82	2.42	0.67	2.29	0.70	2.20	0.70	2.33	0.72	2.91	0.69	1.38	0.91	1.77	0.82	1.35	0.92

续表

省份	2002年 CX	2002年 YY	2003年 CX	2003年 YY	2004年 CX	2004年 YY	2005年 CX	2005年 YY	2006年 CX	2006年 YY	2007年 CX	2007年 YY	2008年 CX	2008年 YY	2009年 CX	2009年 YY	2011年 CX	2011年 YY	2012年 CX	2012年 YY	2013年 CX	2013年 YY	2014年 CX	2014年 YY	2015年 CX	2015年 YY	2016年 CX	2016年 YY	2017年 CX	2017年 YY	2018年 CX	2018年 YY	2019年 CX	2019年 YY
山西	1.12	1.00	0.62	1.01	0.64	1.01	0.76	1.00	1.50	1.00	1.46	0.99	1.81	0.99	1.89	0.98	1.74	0.99	2.17	0.98	1.88	0.98	3.52	0.95	1.92	0.98	1.81	0.98	1.19	1.00	1.41	0.99	1.57	0.99
安徽	0.88	1.01	0.83	1.01	0.45	1.03	0.54	1.03	0.48	1.03	0.55	1.03	0.73	1.03	0.71	1.02	0.63	1.02	0.73	1.02	0.63	1.02	0.55	1.03	0.50	1.03	0.48	1.03	0.30	1.04	0.10	1.05	0.04	1.06
江西	0.87	1.02	0.55	1.08	1.05	0.99	0.75	1.04	0.71	1.04	0.54	1.08	0.40	1.11	0.37	1.11	0.37	1.11	0.36	1.11	0.33	1.12	0.29	1.13	0.29	1.13	0.51	1.09	0.27	1.13	0.18	1.15	0.12	1.16
河南	1.01	1.00	0.86	1.06	0.78	1.09	0.82	1.07	0.87	1.07	0.82	1.05	0.73	1.07	0.76	1.09	0.83	1.07	0.88	1.05	0.87	1.05	0.87	1.05	0.85	1.06	0.76	1.06	0.59	1.16	0.17	1.33	0.00	1.40
湖北	1.07	0.99	1.03	0.99	0.50	1.09	0.36	1.11	0.46	1.09	0.36	1.11	0.48	1.09	0.43	1.10	0.38	1.11	0.37	1.11	0.26	1.13	0.10	1.16	0.08	1.16	0.09	1.16	0.14	1.15	0.25	1.13	0.22	1.14
湖南	1.11	0.98	1.13	0.98	0.97	1.01	1.17	0.97	1.08	0.99	1.06	0.99	0.91	0.99	0.99	1.02	1.06	0.99	1.08	0.99	0.97	1.01	0.96	1.01	0.69	1.06	0.65	1.06	0.64	1.07	0.71	1.05	0.64	1.07
内蒙古	1.00	1.00	0.87	1.03	0.87	1.03	1.12	0.97	1.40	0.91	1.26	0.94	1.16	0.96	1.07	0.98	1.20	0.95	1.42	0.90	1.49	0.89	1.55	0.88	1.68	0.85	1.54	0.88	1.14	0.97	0.62	1.08	0.44	1.13
广西	0.78	1.10	0.71	1.13	0.35	1.28	0.40	1.26	0.38	1.15	0.56	1.19	0.64	1.15	0.68	1.14	0.70	1.13	0.82	1.08	0.85	1.06	0.71	1.13	0.82	1.08	0.53	1.20	0.33	1.29	0.18	1.35	0.12	1.38
重庆	0.92	1.01	-0.02	1.15	-0.03	1.15	-0.04	1.15	-0.05	1.15	-0.04	1.15	0.00	1.14	-0.01	1.14	-0.06	1.15	-0.07	1.15	-0.06	1.15	-0.07	1.15	-0.08	1.15	-0.10	1.16	-0.13	1.16	-0.13	1.16	-0.15	1.16
四川	0.96	1.01	1.11	0.99	0.97	1.00	1.00	1.00	1.00	1.00	1.33	0.96	1.65	0.92	2.24	0.86	2.60	0.82	2.96	0.77	3.07	0.76	2.99	0.77	2.75	0.80	2.56	0.82	2.35	0.85	1.29	0.97	1.37	0.96
贵州	0.72	1.01	0.96	1.00	0.91	1.00	0.81	1.00	1.55	0.98	3.44	0.91	0.90	0.91	1.50	0.98	1.29	0.99	2.33	0.95	3.78	0.90	4.69	0.87	4.01	0.89	4.36	0.88	4.19	0.89	2.08	0.96	5.53	0.88
云南	0.98	1.00	0.82	1.04	0.72	1.06	0.76	1.05	0.83	1.05	0.71	1.06	0.83	1.03	0.60	1.08	0.60	1.08	0.65	1.07	0.61	1.08	0.58	1.08	0.66	1.07	0.74	1.05	0.56	1.09	0.54	1.09	0.57	1.09
陕西	1.00	1.00	0.85	1.14	0.90	1.09	1.01	1.05	0.83	1.05	0.29	1.22	0.29	1.65	0.31	1.63	0.14	1.78	0.16	1.79	0.20	1.75	0.16	1.76	0.38	1.57	0.37	1.57	0.29	1.64	0.35	1.59	0.26	1.67
甘肃	0.91	1.01	0.81	1.02	0.56	1.04	0.59	1.04	0.63	1.04	0.65	1.03	0.48	1.03	0.30	1.07	0.20	1.08	0.16	1.08	0.20	1.08	0.21	1.08	0.08	1.09	0.12	1.09	0.42	1.06	0.05	1.09	0.10	1.09
青海	1.04	0.99	1.19	0.96	1.09	0.98	1.91	0.79	2.71	0.60	2.08	0.75	2.52	0.65	2.95	0.54	0.35	1.15	0.34	1.15	0.31	1.16	0.30	1.16	0.26	1.17	0.21	1.18	0.14	1.20	0.13	1.20	0.45	1.13
新疆	0.94	1.01	0.99	1.00	1.71	0.85	2.35	0.71	3.24	0.52	3.06	0.56	2.78	0.62	2.82	0.61	1.86	0.82	1.36	0.92	0.67	1.07	0.43	1.12	0.25	1.16	0.31	1.15	0.35	1.14	0.34	1.14	0.25	1.16

注: 表中数值保留2位小数。CX是指采选业，YY是指冶炼及压延加工业。由于北京、天津、上海、西藏、中国香港地区、中国澳门地区和中国台湾地区统计数据不全，故本表选择的研究样本仅涵盖我国26个省份。研究时间为2002~2019年。

资料来源: 根据2003~2020年《中国统计年鉴》《中国工业统计年鉴》《各省统计年鉴》和Wind数据库等计算所得。

表 2　2002~2019 年各省份有色金属产业 Moore 值（以 2001 年为基期）

省份	2002年	2003年	2004年	2005年	2006年	2007年	2008年	2009年	2010年	2011年	2012年	2013年	2014年	2015年	2016年	2017年	2018年	2019年
浙江	0.99998	0.99999	0.99982	0.99992	0.99998	0.99999	1	0.99999	0.99999	0.99999	0.99999	1	0.99999	1	0.99999	0.99999	1	0.99999
江苏	0.99999	0.99999	0.99999	0.99999	0.99999	0.99999	0.99999	0.99999	1	1	0.99999	1	1	0.99999	1	0.99999	1	1
福建	0.99971	0.99995	0.99992	0.99998	0.99977	0.99995	0.99998	0.99992	0.99995	0.99999	0.99986	0.99987	0.9995	0.99991	0.99999	0.99995	1	1
广东	0.99922	0.99963	0.99994	1	0.99997	0.99989	0.99997	0.99996	0.99999	0.99984	0.99987	0.99995	0.99999	0.99991	0.99998	0.99994	0.99999	0.99995
山东	0.98906	0.98789	0.96940	0.99786	0.99341	0.99971	0.99998	0.99990	0.99976	0.99988	0.99999	0.99988	0.99981	0.99995	0.99999	0.99994	0.99995	0.99377
河北	0.99940	0.99846	0.99993	0.99984	0.9992	0.99999	0.99939	0.99945	0.99999	0.99999	0.99994	0.99999	0.99999	0.99999	0.99997	0.99999	0.99939	0.99999
海南	0.96661	0.95567	0.95939	0.99764	0.9988	0.99660	0.90040	0.97805	0.99999	0.95654	0.96469	0.93038	0.99347	0.99970	0.99858	0.99995	0.98154	0.98533
黑龙江	0.99965	0.99844	0.99767	0.99946	0.99969	0.99866	0.98535	0.99599	0.99996	0.98805	0.95404	0.99820	0.99925	0.99989	0.99962	0.99986	0.93076	0.99994
辽宁	0.99993	0.99993	0.99952	0.99998	0.99978	0.99985	0.99989	0.99885	0.99985	0.99984	0.99997	0.99971	0.99974	1	0.99891	0.99979	0.99997	0.99953
吉林	0.99487	0.99795	0.98701	0.97902	0.99718	0.99995	0.99393	0.99398	0.98085	0.99925	0.99928	0.99901	0.99956	0.99909	0.98174	0.88925	0.99316	0.99251
山西	0.99999	0.99995	0.99999	0.99999	0.99991	0.99999	0.99998	0.99999	0.99999	0.99999	0.99997	0.99999	0.99955	0.99958	0.99999	0.99994	0.99999	0.99999
安徽	0.99997	0.99999	0.99975	0.99998	0.99999	0.99999	0.99995	1	1	0.99999	0.99998	0.99999	0.99999	0.99999	1	0.99996	0.99995	0.99999
江西	0.99935	0.99886	0.99568	0.9985	0.99997	0.99963	0.99979	0.99999	0.99989	0.9999	1	0.99999	0.99998	1	0.99947	0.99941	0.99991	0.99997
河南	0.99977	0.99897	0.99950	0.99978	0.99980	0.99981	0.99935	0.99889	0.99989	0.9999	0.99982	0.99999	0.99999	0.99995	0.99946	0.99816	0.99005	0.99879

续表

省份	2002年	2003年	2004年	2005年	2006年	2007年	2008年	2009年	2010年	2011年	2012年	2013年	2014年	2015年	2016年	2017年	2018年	2019年
湖北	0.99998	0.99994	0.99544	0.99976	0.99985	0.99988	0.99977	0.99997	0.99992	0.99997	0.99999	0.99989	0.99973	0.99999	0.99999	0.99998	0.99987	0.99999
湖南	0.99983	0.99995	0.99942	0.99917	0.99982	0.99999	0.99960	0.99989	0.99997	0.99981	0.99999	0.99981	0.99999	0.99896	0.99998	0.99999	0.99992	0.99993
内蒙古	0.99997	0.99921	0.99999	0.99817	0.99725	0.99926	0.99964	0.99977	0.99978	0.99997	0.99854	0.99987	0.99987	0.99942	0.99931	0.95533	0.99358	0.99934
广西	0.99137	0.99996	0.99013	0.99979	0.99999	0.99744	0.99939	0.99982	0.99766	0.99683	0.99869	0.99991	0.99821	0.99885	0.99331	0.99783	0.99871	0.99978
重庆	0.99966	0.99336	0.99999	0.99999	0.99999	0.99999	0.99998	1	0.99998	0.99997	1	0.99999	1	1	0.99999	0.99999	1	1
四川	0.99995	0.99999	0.99986	0.99999	0.99992	0.99962	0.99921	0.96699	0.99998	0.99859	0.99863	0.99999	0.99993	0.99935	0.99963	0.99956	0.99216	0.99996
贵州	0.99995	0.99997	0.99999	0.99999	0.99966	0.99748	0.99561	0.99979	0.99999	0.99999	0.99937	0.99859	0.99941	0.99963	0.99992	0.99998	0.99713	0.99774
云南	0.99986	0.99971	0.99982	0.99995	0.99991	0.99974	0.99971	0.99903	0.99999	0.99998	0.99995	0.99998	0.99999	0.99990	0.99988	0.99945	0.99999	0.99999
陕西	0.97489	0.99621	0.99896	0.99536	0.97694	0.94432	0.99998	0.99988	0.99947	0.99861	0.99999	0.99976	0.99999	0.99234	0.99999	0.99899	0.99949	0.99884
甘肃	0.99989	0.99999	0.99972	0.99999	0.99999	0.99999	0.99988	0.99987	0.99999	0.99999	0.99999	0.99999	0.99999	0.99993	0.99999	0.99966	0.99951	0.99999
青海	0.99526	0.99901	0.99956	0.96911	0.96413	0.97533	0.98988	0.98905	0.97799	0.85716	0.99999	0.99999	0.99999	0.99998	0.99996	0.99991	0.99999	0.99801
新疆	0.9982	0.99806	0.98101	0.98173	0.95835	0.99764	0.99522	0.99986	0.98958	0.98673	0.99123	0.98821	0.99893	0.99946	0.99995	0.99997	0.99999	0.99988

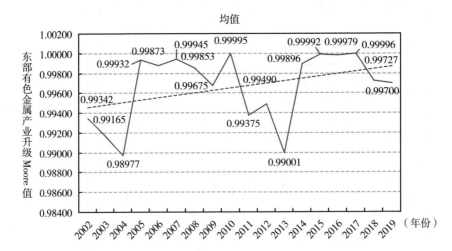

图1　2002～2019年东部有色金属产业升级 Moore 值整体趋势

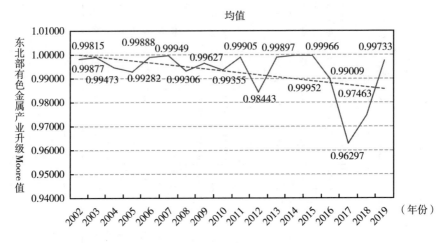

图2　2002～2019年东北部有色金属产业升级 Moore 值整体趋势

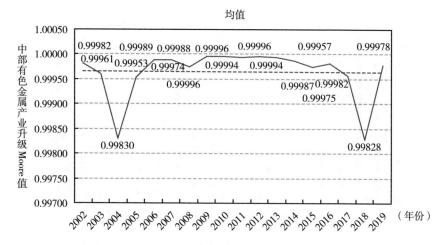

图3　2002~2019年中部有色金属产业升级Moore值整体趋势

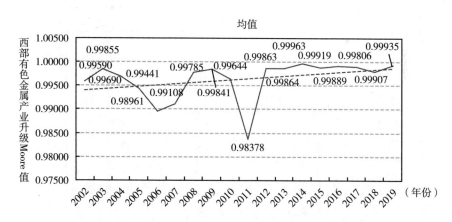

图4　2002~2019年西部有色金属产业升级Moore值整体趋势

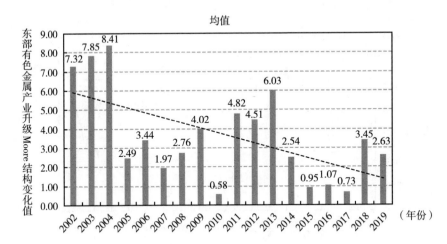

图 5　2002～2019 年东部有色金属产业升级 Moore 结构变化值整体趋势

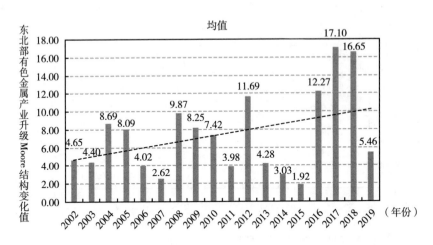

图 6　2002～2019 年东北部有色金属产业升级 Moore 结构变化值整体趋势

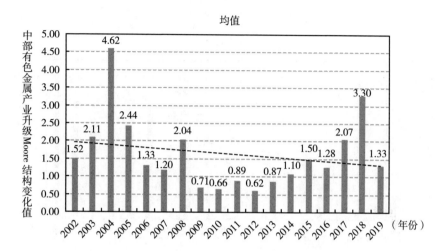

图 7　2002～2019 年中部有色金属产业升级 Moore 结构变化值整体趋势

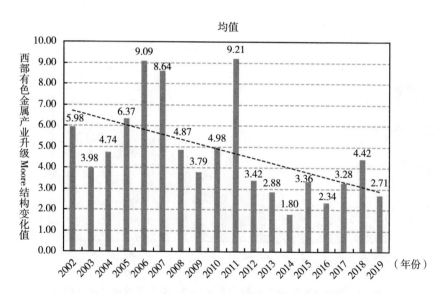

图 8　2002～2019 年西部有色金属产业升级 Moore 结构变化值整体趋势

图 9　2002～2019 年东部有色金属产业升级高度值整体趋势

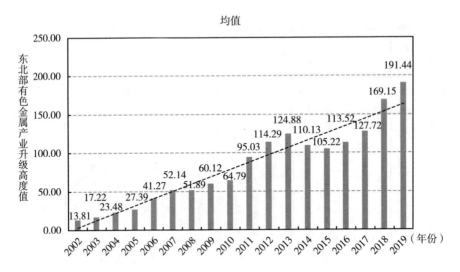

图 10　2002～2019 年东北部有色金属产业升级高度值整体趋势

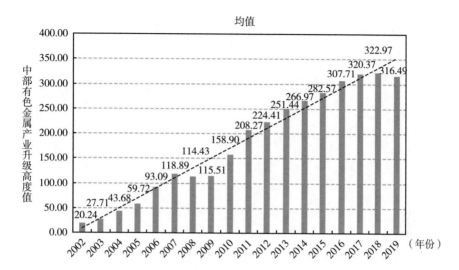

图 11　2002～2019 年中部有色金属产业升级高度值整体趋势

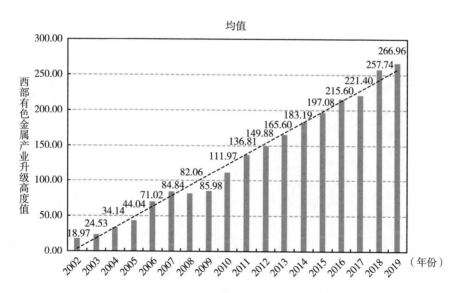

图 12　2002～2019 年西部有色金属产业升级高度值整体趋势